もくじ

東京書籍版　国語３年

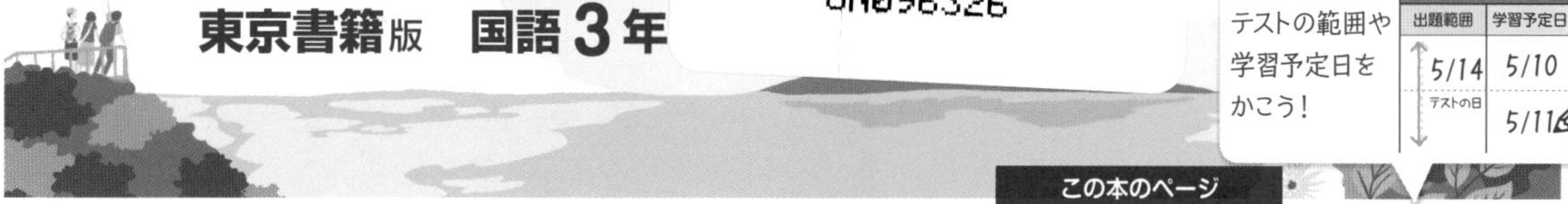

テストの範囲や学習予定日をかこう！

学習計画	
出題範囲	学習予定日
5/14	5/10
テストの日	5/11

学習計画	
出題範囲	学習予定日

生命《いのち》は 二つのアザミ

主題

◇「生命は」は、補い合いながら生きることを歌った詩。
◇「二つのアザミ」は、さまざまな表現によって、言葉の持つイメージを育てる喜びについて述べた文章。

5分間攻略ブック p.2

テストに出る！ ココが要点

生命《いのち》は（教 見返し）➤例題

● **口語自由詩**…現代の話し言葉で、各行の音数に決まりのない詩。
● **隠喩《いんゆ》**…「ようだ」などの言葉を使わずにたとえる表現技法。
例 私《わたし》は今日、／どこかの花のための／虻《あぶ》だったかもしれない
● **対句《ついく》**…似た構成で意味も対応する二つの語句を並べる表現技法。
例 私は今日、／……のための／虻だったかもしれない
そして明日《あした》は／誰《だれ》かが／……のための／虻であるかもしれない

二つのアザミ（教 p.14～p.16）➤予想問題

● 宮沢賢治《みやざわけんじ》の作品で出会った、漢字の「薊《あざみ》」。＝明のイメージ
● 梶井基次郎《かじいもとじろう》の作品で出会った、漢字の「薊」。＝暗のイメージ
● 言葉としての「薊」→心の中で、**より豊かな**花に育つ。→本物の「アザミ」も美しさを増す。＝**世界の見方**が変わる。
● 言葉に触《ふ》れ、言葉を育てていく**喜び**…見慣れていた光景に新しい光が当てられる様子を、驚《おどろ》きをもって眺《なが》めることにある。

例題 生命《いのち》は

生命は　吉野《よしの》 弘《ひろし》

生命は
①**自分自身だけでは完結できない**ように
つくられているらしい
花も
めしべとおしべが揃《そろ》っているだけでは
不充分《ふじゅうぶん》で
虫や風が訪《おとず》れて
めしべとおしべを仲立ちする

1 この詩の形式を漢字五字で書きなさい。

□□□□□

2 よく出る ――線①のような生命の例として、何が挙げられていますか。

（　　　）

答えと解説

1 口語自由詩

現代の話し言葉で書かれているので**口語詩**、**音数やリズムに決まりがない**ので**自由詩**。

2 花

「**花も**／めしべとおしべが揃っているだけでは／不充分」とあり、「虫や風」が「めしべとおしべを仲立ちする」とある。つまり、「花」は「自分自身だけでは完結できない」ものに当たる。

漢字を読もう！ ①映える ②魅力 ③咲く
←答えは左ページ

生命はすべて
その中に欠如《けつじょ》を抱《いだ》き
②**それ**を③**他者**から満たしてもらうのだ

私《わたし》は今日、
どこかの花のための
虻《あぶ》だったかもしれない
そして明日《あした》は
誰《だれ》かが
私という花のための
虻であるかもしれない

3 ――線②の「それ」は、何を指していますか。

［　　］の中の［　　］。

4 ――線③の例として、ここまでに挙げられているものを二つ抜《ぬ》き出しなさい。

（　　）（　　）

5 第三連について答えなさい。

(1) 「私」は、何にたとえられていますか。一語で二つ抜き出しなさい。

（　　）（　　）

(2) (1)のような表現技法を、何といいますか。選びなさい。

ア 対句《ついく》　**イ** 隠喩《いんゆ》　**ウ** 倒置《とうち》　（　　）

6 よく出る　この詩で作者が伝えたかったのは、どのようなことですか。考えて書きなさい。

生命のあるものはすべて、（　　）生きているのだということ。

3 生命・欠如

生命は、**「その（＝生命の）中」の「欠如」を他者から満たしてもらう**というのである。

4 虫・風

「花」へ「**虫や風**が訪れて／めしべとおしべを仲立ちする」とある。「花」にとって「**虫や風**」は、「欠如」を満たしてくれる「他者」である。

5 (1)虻・花　(2)イ

(1)「私」は、第三連の前半では**「虻」（＝誰かの欠如を満たすもの）**に、後半では**「花」（＝誰かに欠如を満たしてもらうもの）**にたとえられている。

(2)あるものを何かに**たとえる**表現技法を**比喩**といい、「ようだ」などのたとえであることを示す言葉を使ってたとえるものが**直喩**、使わないものが**隠喩**である。

6 例互いに助け合いながら

すべてのものは、他者に欠如を満たしてもらいながら生きている。そして、満たす側のときもあれば、満たされる側のときもある。つまり、**助け合いながら生きている**のである。

漢字で書こう！　①は（える）　②みりょく　③さ（く）
答えは右ページ➡

テストに出る！
予想問題

次の文章を読んで、問題に答えなさい。

解答 p.1

30分

100点

〔筆者が少年時代によく目にしていた紫《むらさき》色の花は、「アザミ」という片《かた》仮名《かな》の花として印象づけられていた。〕

ところが、ある日、それが「薊《あざみ》」という漢字になって、心に刻まれることになったのです。小学校を卒業した直後の春休みだったでしょうか、町の図書館でたまたま手に取った宮沢賢治《みやざわけんじ》の本に、「種山《たねやま》ヶ原《がはら》」と題された物語が収められていました。達二《たつじ》という名の主人公が、逃《に》げ出した牛を山の中まで追っていく場面があって、そこにこんな一節が出てきたのです。

「ところがその道のようなものは、まだ百歩も行かないうちに、オトコエシや、すてきに背高《せいたか》の薊の中で、二つにも三つにも分かれてしまって、どれがどれやらいっこう分からなくなってしまいました。」

難しい表現は全く使われていません。詩のようにきらびやかな言葉もありません。それなのに、私《わたし》は①この文章の不思議な魅力《みりょく》に捕《と》らわれてしまったのです。なぜ心ひかれるのか、最初はよく分かりませんでした。しかし、何度か読み返すうち、この一文の光が、「すてきに背高の薊」という表現から発せられていることに気づいたのです。

「すてき」も「背高」も、個別には知っていた単語です。けれど、両者を組み合わせて、アザミのような花の上に載《の》せるなんて、想像したことさえありませんでした。「すばらしく背の高いアザミ」と書いても、意味としては変わらないでしょう。宮沢賢治はそれを短く刈《か》り込《こ》んで、言葉に新しい響《ひび》きを、つまり、②これまでにな

1 ——線①「この文章の不思議な魅力」とありますが、どのような表現が魅力を発していたのですか。文章中から抜き出しなさい。〔15点〕

2 ——線②「これまでにない音楽を生み出してくれた」とは、どういうことですか。次から一つ選び、記号で答えなさい。〔15点〕

ア 言葉を短く刈り込んだ特徴《とくちょう》的な文に曲をつけて、新鮮《しんせん》な音楽を生み出してくれたということ。

イ 聞き慣れた言葉を使って、新しい意味を持った文を生み出してくれたということ。

ウ これまで聞いたことのないような言葉を使って、目新しい文を生み出してくれたということ。

エ 既存《きそん》の言葉を短く言い換《か》えることで、斬新《ざんしん》で印象的な響きを生み出してくれたということ。

3 ——線③「裸足で薊を踏んづける！」という表現は、筆者にどのようなイメージをもたらしましたか。文章中から抜き出しなさい。〔15点〕

4 よく出る 宮沢賢治と梶井基次郎の作品に出会ったことで、筆者はどのような変化を経験しましたか。□に当てはまる言葉を、文章中からⓐは三字、ⓑは十六字で抜き出しなさい。10点×2〔20点〕

漢字を読もう！ ←答えは左ページ ①片隅 ②揺れる ③茎

い音楽を生み出してくれたのです。
それから長い時間がたって、高校生になったばかりの頃《ころ》、私は再び書物の中で、漢字の「薊」に出会うことになりました。梶井《かじい》基次郎《もとじろう》の「闇《やみ》の絵巻」と題された短編を読んだときのことです。真っ暗な闇の中に一歩を踏《ふ》み出す勇気を、主人公はこんなたとえで表現していました。

③「裸足《はだし》で薊を踏んづける！」

私は呆然《ぼうぜん》としました。裸足で薊を踏んづけるほどの勇気とは！宮沢賢治の作品を通じて、アザミは明るい光の中ではっきり目に見える紫色の、「すてきに背高の」、明るい陽《ひ》のもとで映《は》える花として心に刻まれていました。梶井基次郎は、そこにもう一つ、まるで正反対の、闇に沈《しず》んだ見えない「薊」というイメージを付け加えてくれたのです。その見えない色の、なんと鮮《あざ》やかなことでしょう。おまけに、とげを踏み抜《ぬ》いた足の裏の感触《かんしょく》まで生々しく伝わってくるようです。

少年の頃に私が見ていた野の花としてのアザミは、優《すぐ》れた二人の書き手の作品のおかげで、明と暗を持つ、言葉としての「薊」になりました。異なる文脈で出会ったことによって、「薊」は私の心の中で、より豊かな花に育っていったのです。

興味深いのは、言葉としての「薊」の色が深まるにつれて、原っぱに咲《さ》いている本物の「アザミ」も美しさを増していったことです。つまり、二つの「薊」は、④世界の見方を変えてくれたのです。本を読み、言葉に触《ふ》れ、言葉を育てていく喜びは、こんなふうに、⑤見慣れていた光景に新しい光が当てられる様子を、驚《おどろ》きをもって眺《なが》めることにあるのではないでしょうか。

〔堀江《ほりえ》 敏幸《としゆき》「二つのアザミ」による〕

筆者が少年の頃に見ていたⓐ[　　　]としてのアザミが、ⓑ[　　　　　　　　　　][　　　　　]に変わった。

5 やや難 ——線④「世界の見方を変えてくれたのです」とは、どういうことですか。次から一つ選び、記号で答えなさい。〔15点〕

ア 二つの作品の優れた表現に触れることで、現実世界のあらゆるものが美しく見えたということ。

イ 二つの作品の表現から、現実世界の明と暗も見分けられるようになったということ。

ウ 二つの作品から言葉のイメージが深まったことによって、現実世界の花の見え方まで変わったということ。

エ 少年の頃に見ていたアザミと本の中の薊との違《ちが》いから、多様な見方があると知ったこと。

[　]

6 よく出る ——線⑤「見慣れていた……当てられる様子」とは、どのような様子を指していますか。□に当てはまる言葉を、文章中から抜き出しなさい。 10点×2〔20点〕

異なる文脈で「薊」という言葉に出会ったことで、言葉としての「薊」が心の中でⓐ[　　　　　　]に育ち、更《さら》に本物の「アザミ」もⓑ[　　　　　　　　]いった様子。

漢字で書こう！ 答えは右ページ➡ ①かたすみ ②ゆ(れる) ③くき

俳句の読み方、味わい方／俳句五句
日本語探検1 和語・漢語・外来語／漢字道場1 他教科で学ぶ漢字(1)

主題

◆俳句は僅《わず》か十七音《じゅうしちおん》だが、自然や人生の哀歓《あいかん》などを豊かに表現できる。リズムを感じ、季語の働きを確認することで、俳句の味わい深い世界が見えてくる。

5分間攻略ブック p.2／16

テストに出る！
ココが要点

俳句の形式

- **定型**…原則として、五・七・五の十七音《じゅうしちおん》から成る。
- **季語**…季節感を表す言葉。一句に一つ詠《よ》み込《こ》むのが基本。
- **有季定型**…定型で、季語を詠み込む基本の型のこと。
- 定型によらない**自由律**の俳句や、季語のない**無季**の俳句もある。

俳句の基本・技法

- **切れ**…一句の中で、形または意味のうえで切れるところ。
- **切れ字**…句の意味の切れ目に使われる言葉。主な切れ字には、「や」「かな」「けり」がある。
- **取り合わせ**…季語と一見無関係に思える事柄《ことがら》を詠み込む方法。

例題 春の俳句二句

① **たんぽぽや日はいつまでも大空に**　中村汀女《なかむらていじょ》

五・七・五は、それぞれを上五《かみご》・中七《なかしち》・下五《しもご》とよびます。この句は、「たんぽぽや」と「日はいつまでも大空に」の二つの部分に分かれていますので、上五で切れている、あるいは上五に「切れ」があるといいます。「たんぽぽや」の「や」は切れ字といい、「たんぽぽ」を印象づけるとともに明確な切れを示します。上五の切れは、間を置くことによって緊張《きんちょう》を高め、次への期待を膨《ふく》らませる効果があります。

この句の場合、上五は春の季語である「たんぽぽ」によって、明るい日差しやのどかさを連想させます。続く中七・下五は、大空の太陽がそのまま動かずにい

1 ——線①の句について答えなさい。

(1) 五・七・五の音の切れ目を、／で分けなさい。

たんぽぽや日はいつまでも大空に

(2) この句の「切れ」は、どこにありますか。

［　　　］にある。

(3) よく出る 季語と季節を答えなさい。

季語（　　　）　季節（　　　）

答えと解説

1 (1) たんぽぽや／日はいつまでも／大空に

この句は基本の**有季定型**。五・七・五に分けることができる。

1 (2) 上五

「や」という**切れ字**があるので、そこが「**切れ**」となる。

1 (3) たんぽぽ・春

「たんぽぽ」は春の季語。季語には現代の季節感とは異なるものもあるので、「歳時記《さいじき》」で確認《かくにん》する。

漢字を読もう！ ①擬人法 ②捻挫 ③払う
←答えは左ページ

るのではないかと思うほどの日永《ひなが》の気分を伝えています。この二つの部分が響《ひび》き合うことによって、春らしい雰囲気《ふんいき》の高まりを感じさせるのです。地上の小さな太陽というべきたんぽぽと大空の太陽は、輝《かがや》きを分かち合っているかのようです。大きな空間を描《えが》いたこの句には、春の日の充足感《じゅうそくかん》が満ちています。

この「たんぽぽ」と「日はいつまでも大空に」のように、②**季語とともに、一見無関係に思える事柄《ことがら》**を詠《よ》み込《こ》む方法を「取り合わせ」といいます。

それに対して、次の句では③**一句全体で一つのことを詠んでいます。**

④**囀《さへづり》《サエズリ》をこぼさじと抱《だ》く大樹かな**　星野《ほしの》立子《たつこ》

〔片山《かたやま》由美子《ゆみこ》「俳句の読み方、味わい方」による〕

---

2 ――線②について答えなさい。

(1) どの言葉を指していますか。二つ抜《ぬ》き出しなさい。

（　　　）（　　　）

(2) (1)のような二つの言葉を詠み込む方法を、何といいますか。

（　　　）

3 ――線③とありますが、何について詠んでいますか。

（　　　）がさえずる声を、枝を広げて抱きとめているかのような（　　　）の様子。

4 よく出る ――線④の句の切れ字を抜き出しなさい。

（　　　）

---

2 (1) たんぽぽ・日はいつまでも大空に

直前に挙げられている。**地面に咲《さ》く「たんぽぽ」と「日はいつまでも大空に」という空の風景**は、一見無関係なものに思える。

2 (2) 取り合わせ

無関係に思えるものを詠み込む「**取り合わせ**」を用いることによって、読者の想像を促《うなが》し、春らしい雰囲気の高まりを感じさせている。

3 例（たくさんの）鳥・大樹

「大樹」を人に見立てる**擬人《ぎじん》法**が用いられており、大樹が**鳥たちのさえずる声をこぼすまいとして、しっかりと枝で抱きかかえているような様子**が詠まれている。

4 かな

主な切れ字は「や」「かな」「けり」。この句では句末に詠嘆《えいたん》を表す「**かな**」が使われている。

漢字で書こう！ ①ぎじんほう　②ねんざ　③はら(う)
答えは右ページ➡

テストに出る！

予想問題

解答 p.1　30分　100点

1 次の文章を読んで、問題に答えなさい。

①囀《さへづり》《サエズリ》をこぼさじと抱《だ》く大樹かな　星野立子《ほしのたつこ》

「囀」は繁殖《はんしょく》期を迎《むか》えた鳥が縄張り宣言や求愛のために鳴くことをいい、春らしい生命感にあふれた季語です。作者は、たくさんの鳥がさえずりを競《きそ》っているのを聞き、その声を大きな木が抱きとめていると捉《とら》えました。鳥ではなく「囀」を、また「こぼさじと抱く」としたことで、あふれんばかりのさえずりを思わせます。大樹の枝々は腕《うで》のようにも見えることから、②「抱く」という擬人《ぎじん》法が効果的です。

「大樹かな」の「かな」も切れ字の一つです。ここでは「かな」が「囀をこぼさじと抱く大樹」をしっかりと受け止め、根を張るような安定感をもたらす表現になっています。

③を《オ》りとりてはらりとおもきすすきかな　飯田蛇笏《いいだだこつ》

薄《すすき》は秋の七草の一つであり、秋を代表する植物です。白い穂《ほ》が風になびくさまは美しく、群生しているところを薄原《すすきはら》といいます。折り取った薄には実は重さというほどの重さはありませんが、それを「はらりとおもき」と表現したところに味わいがあります。この句の特徴《とくちょう》は全てが平仮名《ひらがな》であることです。もしもこれが「折り取りてはらりと重き薄かな」だったらどうでしょう。何やら重

(2) やや難 (1)の特徴には、どのような効果がありますか。〔10点〕

(3) この句からは、作者のどのような心情が伝わってきますか。次から一つ選び、記号で答えなさい。〔10点〕

ア 薄の力ない様子や手にしたときの軽さに対するむなしさ。
イ 外見は軽そうな薄の、意外な手応えに対する驚《おどろ》きと感動。
ウ 重さのある立派な薄を手折《たお》ったことへの強い後悔《こうかい》。
エ 重そうにも軽そうにも見える薄に対する興味や好奇心《こうき》。

2 次の俳句を読んで、問題に答えなさい。

A 春風や闘志《とうし》いだきて丘《をか》《オカ》に立つ　高浜虚子《たかはまきょし》
B 万緑《ばんりょく》《リョク》の中や吾子《あこ》の歯生え初《そ》むる　中村草田男《なかむらくさたお》
C 冬菊《ふゆぎく》のまとふ《ウ》はおのがひかりのみ　水原秋櫻子《みずはらしゅうおうし》
D 分け入《イッ》つても分け入《イッ》つても青い山　種田山頭火《たねださんとうか》

〔「俳句五句」による〕

1 Aの句から、切れ字を抜《ぬ》き出しなさい。〔4点〕

2 Bの句の季語と季節を書きなさい。3点×2〔6点〕

季語

季節

漢字を読もう！　①雰囲気　②屯田兵　③余韻
←答えは左ページ

そうに感じられ、「はらりと」という感触《かんしょく》も伝わりません。

〔片山《かたやま》 由美子《ゆみこ》「俳句の読み方、味わい方」による〕

1 よく出る ——線①・③の句の季語と季節をそれぞれ書きなさい。 3点×4〔12点〕

	季語	季節
①		
③		

2 ——線①・③の句に共通する切れ字を抜《ぬ》き出しなさい。 〔4点〕

3 ——線②「『抱く』という擬人法」には、どのような効果がありますか。次から一つ選び、記号で答えなさい。 〔5点〕

ア 春の気候のよさが強調される。
イ 鳥がたくさんいることが強調される。
ウ 鳥の声がにぎやかであることが強調される。
エ 大樹の包容力の大きさが強調される。

4 ——線③の句について答えなさい。

(1) よく出る 文字遣《づか》いについての大きな特徴は何ですか。文章中から抜き出しなさい。 〔5点〕

---

3 自由律の句を一つ選び、記号で答えなさい。 〔4点〕

4 よく出る 次の鑑賞《かんしょう》文に当てはまる句をA～Dから一つずつ選び、記号で答えなさい。 5点×4〔20点〕

① 平仮名《ひらがな》の中に一語だけ漢字表記を入れることで、厳しい寒さの中でりんとして咲《さ》く花の美しさが印象づけられている。
② 俳句の決まりにとらわれない形で、自然の情景と重ね合わせた作者の心の迷いの深さを描《えが》いている。
③ 穏《おだ》やかな季節の情景とは対照的に、未来へ立ち向かおうとする作者の強い決意が描かれている。
④ 対象物の色彩《しきさい》の対比や大小の対比によって、生命への賛美や我《わ》が子の成長の喜びを詠《よ》んでいる。

①　②　③　④

3 よく出る **次の言葉が和語ならA、漢語ならB、外来語ならCを書きなさい。** 2点×8〔16点〕

① ニュース　② 持ち主　③ 青空　④ 姿勢
⑤ リサイクル　⑥ 海底　⑦ 台本　⑧ 言葉

①　②　③　④　⑤　⑥　⑦　⑧

4 **次の——線を漢字に直して書きなさい。** 2点×2〔4点〕

① らくのうの仕事をする。
② 桃《もも》のかんづめを開ける。

①　②

漢字で書こう！ ①ふんいき　②とんでんへい　③よいん
答えは右ページ➡

形

教科書 p.30～p.35

テストに出る！

ココが要点

「形」を貸す新兵衛《しんべえ》（教 p.31～p.33）▶例題・予想問題

●新兵衛は若い侍《さむらい》に猩々緋《しょうじょうひ》の羽織《はおり》と唐冠《とうかん》のかぶと（＝「形」）を貸す。

↓軽い気持ち。＝自分の力に対する**自信**。

●羽織とかぶとを着けた若い侍は、華々《はなばな》しい活躍《かつやく》をする。

↓新兵衛は、自分の**形**だけでも力を持つことに**誇《ほこ》り**を感じる。

新兵衛の最期《さいご》（教 p.31～p.33）▶例題・予想問題

●新兵衛は、一文字《いちもんじ》に敵陣《てきじん》に殺到《さっとう》する。＝実力を見せるため。

●敵は、いつもの「形」ではない新兵衛に対して**おじけ**がない。

●「形」を貸したことへの**後悔《こうかい》**が新兵衛の頭をかすめる。

↓今までの自分が「**形**」に支えられていたことに気づく。

主題

◆猩々緋《しょうじょうひ》と唐冠《とうかん》を身に着けた中村新兵衛《なかむらしんべえ》は、敵の脅威《きょうい》であった。しかしそれらを若い侍《さむらい》に貸すとこれまでにない苦戦をし、自分が「形」に支えられていたことに気づく。

5分間攻略ブック p.2

例題 新兵衛《しんべえ》の最期《さいご》

その明くる日、摂津《せっつ》平野の一角で、松山勢《まつやまぜい》は、大和《やまと》の筒井順慶《つついじゅんけい》の兵としのぎを削《けず》った。戦いが始まる前、いつものように①**猩々緋《しょうじょうひ》の武者**が唐冠《とうかん》のかぶとを朝日に輝《かがや》かしながら、敵勢を尻目《しりめ》にかけて、大きく輪乗りをしたかと思うと、駒《こま》の頭《かしら》を立て直して、一気に敵陣《てきじん》に乗り入った。

吹《ふ》き分けられるように、敵陣の一角が乱れたところを、猩々緋の武者は槍《やり》をつけたかと思うと、早くも三、四人の端武者《はしたむしゃ》を、突《つ》き伏《ふ》せて、また悠々《ゆうゆう》と味方の陣へ引き返した。

その日に限って、黒革縅《くろかわおどし》の鎧《よろい》を着て、南蛮鉄《なんばんてつ》のかぶとをかぶっていた中村《なかむら》新兵衛は、会心の微笑《びしょう》を含《ふく》みながら、猩々緋の武者の華々《はなばな》しい武者ぶりを眺《なが》めていた。

1 ——線①は、誰《だれ》を指していますか。

［　　　］が、自分の猩々緋の羽《は》織《おり》と唐冠のかぶとを［　　　］相手。

2 ——線②が指しているものは、何ですか。二つ抜《ぬ》き出しなさい。

（　　　）
（　　　）

答えと解説

1 新兵衛・貸した

ここでの「猩々緋の武者」は、**新兵衛が自分の羽織とかぶとを貸した若い侍《さむらい》**のことである。今日の新兵衛は、黒革縅の鎧と南蛮鉄のかぶとを身に着けている。

2 猩々緋・唐冠のかぶと

新兵衛にとって「自分の形」とは、いつも戦いのときに身に着けていた**猩々緋の羽織と唐冠のかぶと**のことである。

漢字も読もう！　①華やか　②虎　③嵐
←答えは左ページ

そして②**自分の形**だけすらこれほどの力を持っているということに、かなり大きい誇《ほこ》りを感じていた。

彼《かれ》は、二番槍は、自分が合わそうと思ったので、駒を乗り出すと、③**一文字《いちもんじ》に敵陣に殺到《さっとう》した**。

猩々緋の武者の前には、戦わずして浮《う》き足立った敵陣が、中村新兵衛の前には、④**びくともしなかった**。そのうえに彼らは猩々緋の「槍中村」に突き乱された恨《うら》みを、この黒革縅の武者の上に復讐《ふくしゅう》せんとして、たけり立っていた。

新兵衛は、いつもとは、勝手が違《ちが》っていることに気がついた。いつもは虎《とら》に向かっている羊のようなおじけが、敵にあった。彼らがうろたえ血迷うところを突き伏せるのに、何の造作もなかった。今日は、彼らは対等の戦いをするときのように、勇み立っていた。どの雑兵《ぞうひょう》もどの雑兵も十二分の力を新兵衛に対し発揮した。二、三人突き伏せることさえ容易ではなかった。敵の槍の矛先《ほこさき》が、ともすれば身をかすった。新兵衛は⑤**必死の力を振《ふ》るった**。平素の二倍もの力をさえ振るった。が、彼はともすれば突き負けそうになった。手軽にかぶとや猩々緋を貸したことを、⑥**後悔《こうかい》するような感じが頭の中をかすめた**ときであった。敵の突き出した槍が、縅の裏をかいて彼の脾腹《ひばら》を貫《つらぬ》いていた。

〔菊池《きくち》寛《かん》「形」による〕

---

3 ――線③のときの新兵衛の気持ちを表す言葉を選びなさい。

ア 焦《あせ》り
イ 自信
ウ 後悔

（　　）

4 敵が――線④のような様子だったのは、なぜですか。選びなさい。

ア 新兵衛への恨みが積もっていたから。
イ 新兵衛の調子が悪いと気づいたから。
ウ 相手が新兵衛だと気づかなかったから。

（　　）

5 よく出る 新兵衛が――線⑤のようにしなければならなかったのは、なぜですか。

敵にいつものような［　　　］がなく、勇み立っていたから。

6 よく出る ――線⑥のとき、新兵衛はどのようなことに気づきましたか。当てはまる言葉を抜き出しなさい。

敵が恐《おそ》れていたのは、新兵衛の「実力」ではなく、新兵衛の「［　］」だったということ。

---

3 イ

迷いもなく敵に突っ込《こ》んでいく様子からは、いつものように**たやすく相手を破ることができるという絶大な自信**がうかがえる。

4 ウ

新兵衛が**いつもの羽織とかぶとを身に着けていないため、敵は相手が新兵衛だと気づいていない**。だから、恐れて浮き足立つこともなく、びくともしないのである。

5 おじけ

いつもは敵が**猩々緋と唐冠のかぶとを前におじけを見せるのに**、このときはそれがなく勇み立っていたので簡単には勝てなかったのである。

6 形

新兵衛は、敵が恐れていたのが**いつもの羽織とかぶとを身に着けた自分の姿形**であったことに気づいた。**「形」が「実力」を支え、「実力」以上の力を持っていた**ことに気づいたのだ。

漢字で書こう! 答えは右ページ➡　①はな(やか)　②とら　③あらし

テストに出る！

予想問題

次の文章を読んで、問題に答えなさい。

解答 p.2

30分

/100点

その若い侍《さむらい》は、新兵衛《しんべえ》の主君松山新介《まつやましんすけ》の側腹《そばはら》の子であった。そして、幼少の頃《ころ》から、新兵衛が守役《もりやく》として、我《わ》が子のように慈《いつく》しみ育ててきたのであった。

「ほかのことでもおりない。明日《みょうにち》は我らの初陣《ういじん》じゃほどに、なんぞ華々《はなばな》しい手柄《てがら》をしてみたい。ついては御身《おみ》様の猩々緋《しょうじょうひ》と唐冠《とうかん》のかぶとを貸してたもらぬか。あの羽織《はおり》とかぶととを着て、敵の目を驚《おどろ》かしてみとうござる。」

「ハハハハ。①念もないことじゃ。」新兵衛はⓐ高らかに笑った。新兵衛は、相手の子供らしい無邪気《むじゃき》な功名心を快く受け入れることができた。

「が、申しておく、②あの羽織やかぶとは、申さば中村《なかむら》新兵衛の形じゃわ。そなたが、あの品々を身に着けるうえからは、我らほどの肝魂《きもだま》を持たいではかなわぬことぞ。」と言いながら、新兵衛はⓑまた高らかに笑った。

その明くる日、摂津《せっつ》平野の一角で、松山勢《ぜい》は、大和《やまと》の筒井順慶《つついじゅんけい》の兵としのぎを削《けず》った。戦いが始まる前、いつものように猩々緋の武者が唐冠のかぶとを朝日に輝《かがや》かしながら、敵勢を尻目《しりめ》にかけて、大きく輪乗りをしたかと思うと、駒《こま》の頭《かしら》を立て直して、一気に敵陣に乗り入った。

吹《ふ》き分けられるように、敵陣の一角が乱れたところを、猩々緋

1 ――線①「子供らしい無邪気な功名心」とは、若い侍のどのような気持ちですか。□に当てはまる言葉を、文章中から抜《ぬ》き出しなさい。〔10点〕

初陣で、新兵衛の羽織とかぶとを着て敵を驚かし、□□□□□□を立てたいという気持ち。

2 よく出る ――線②「あの羽織やかぶとは……かなわぬことぞ」とありますが、この部分から新兵衛のどのような考えが分かりますか。次から一つ選び、記号で答えなさい。〔15点〕

ア たとえ「形」だけでも、羽織やかぶとは独自の力を持っている。
イ 自分と同じ実力を持たない者には、羽織やかぶとを貸したくない。
ウ 強い者の「形」を身に着ければ、強くなれるに違いない。
エ 戦いで重要なのは「形」ではなく、本人の度胸や実力である。

3 〰線ⓐ・ⓑ「高らかに笑った」とありますが、このときの新兵衛の心情を次から一つずつ選び、記号で答えなさい。10点×2〔20点〕

ア 我が子同然である侍の無邪気な願いをほほえましく思っている。
イ 知らぬ者のない自分の実力への誇りと自信を感じている。
ウ 自分の武勇を慕《した》う侍に対して、謙虚《けんきょ》に振《ふ》る舞《ま》おうとしている。
エ まだ幼さの抜けきらない若い侍を明るく励《はげ》まそうとしている。

ⓐ
ⓑ

漢字を読もう！ ①南蛮鉄 ②恨み ③激浪

←答えは左ページ

の武者は槍《やり》をつけたかと思うと、早くも三、四人の端《はした》武者を、突《つ》き伏《ふ》せて、また悠々《ゆうゆう》と味方の陣へ引き返した。

その日に限って、黒革縅《くろかわおどし》の鎧《よろい》を着て、南蛮鉄《なんばんてつ》のかぶとをかぶっていた中村新兵衛は、③会心の微笑《びしょう》を含《ふく》みながら、猩々緋の武者の華々しい武者ぶりを眺《なが》めていた。そして自分の形だけすらこれほどの力を持っているということに、かなり大きい誇《ほこ》りを感じていた。

彼《かれ》は、二番槍は、自分が合わそうと思ったので、駒を乗り出すと、一文字《いちもんじ》に敵陣に殺到《さっとう》した。

④猩々緋の武者の前には、戦わずして浮《う》き足立った敵陣が、中村新兵衛の前には、びくともしなかった。そのうえに彼らは猩々緋の「槍中村」に突き乱された恨《うら》みを、この⑤黒革縅の武者の上に復《ふく》讐《しゅう》せんとして、たけり立っていた。

新兵衛は、いつもとは、勝手が違《ちが》っていることに気がついた。いつもは虎《とら》に向かっている羊のようなおじけが、敵にあった。彼らがうろたえ血迷うところを突き伏せるのに、何の造作もなかった。⑥今日は、彼らは対等の戦いをするときのように、勇み立っていた。どの雑兵《ぞうひょう》もどの雑兵も十二分の力を新兵衛に対し発揮した。二、三人突き伏せることさえ容易ではなかった。敵の槍の矛先《ほこさき》が、ともすれば身をかすった。新兵衛は必死の力を振《ふ》るった。平素の二倍もの力をさえ振るった。が、彼はともすれば突き負けそうになった。⑦手軽にかぶとや猩々緋を貸したことを、後悔《こうかい》するような感じが頭の中をかすめたときであった。敵の突き出した槍が、縅の裏をかいて彼の脾腹《ひばら》を貫《つらぬ》いていた。

〔菊池《きくち》寛《かん》「形」による〕

4 やや難 ――線③「会心の微笑」とありますが、新兵衛はこのとき何を感じていましたか。「形」という言葉を使って書きなさい。〔15点〕

5 ――線④「猩々緋の武者」、――線⑤「黒革縅の武者」は、ここでは誰《だれ》のことですか。文章中からそれぞれ三字で抜き出しなさい。

5点×2〔10点〕

④

⑤

6 ――線⑥「今日は、彼らは……勇み立っていた。」とありますが、なぜですか。□に当てはまる言葉を書きなさい。〔15点〕

□と気づかなかったため、おじけを感じなかったから。

7 よく出る ――線⑦「手軽にかぶとや猩々緋を貸したことを、後悔するような感じ」とありますが、このとき新兵衛は、どのようなことに気づいたのですか。次から一つ選び、記号で答えなさい。〔15点〕

ア 立派な衣装や優《すぐ》れた武具を身に着けることで、誰でも敵兵を上回る実力を発揮できるようになること。

イ ふだん着なれた衣装や武具を身に着けていなければ、実力が十分に発揮できないこと。

ウ 敵兵は、その姿形を伴《ともな》った自分に脅威《きょうい》を感じており、今まで「形」の力に助けられてきたこと。

エ 武将の姿形で最期《さいご》を迎《むか》えられないことになれば、武士としての誇《ほこ》りを失い、恥《はじ》になること。

漢字で書こう！ 答えは右ページ➡ ①なんばんてつ ②うら(み) ③げきろう

百科事典少女

主題

◇「私《わたし》」がRちゃんと過ごした日々と、Rちゃんの死後、彼女《かのじょ》の愛した百科事典を写し続けた、Rちゃんのお父さんの姿を通して、人と人とのつながりや思いが描《えが》かれる。

5分間攻略ブック p.2

テストに出る！ ココが要点

読書休憩室《きゅうけい》でのRちゃんと「私《わたし》」（教 p.40～p.41）▶例題

●放課後、毎日Rちゃんは読書休憩室にやってくる。…学校とは別人のようにいきいきとしている。＝自分らしくいられる。

●Rちゃんは〝本当のお話〟を好む。…百科事典を最も愛している。

百科事典を書き写す紳士《しんし》おじさん（教 p.47～p.48）▶予想問題

●紳士おじさんは、百科事典をノートに書き写す。↓亡《な》き娘《むすめ》が探索《たんさく》した道をたどり、娘の身代わりとなって道を踏《ふ》みしめる。

●「私」…Rちゃんとおじさんが重なり合って見える。

例題　読書休憩《きゅうけい》室でのRちゃんと「私《わたし》」

　放課後、家の鍵《かぎ》とハンカチとちり紙を入れた手提《てさ》げ袋《ぶくろ》を持ち、①**ほとんど毎日Rちゃんはやってきた**。手提げ袋には彼女《かのじょ》の横顔に似た少女の姿がアップリケで縫《ぬ》い付けられていた。読書休憩室で彼女は、学校とは全く別人のようにおしゃべりで、おせっかいで、いきいきとしていた。そこにたどり着いて、②**ようやく自分が吸うべき空気をとらえ、思う存分呼吸しているかのように見えた**。手提げ袋を椅子《いす》の背もたれに引っかけ、両手が自由になるのと同時に、彼女の心も解放されるのだった。

　父が廃材《はいざい》で作った丸テーブルを間に挟《はさ》み、私はチューリップ、Rちゃんはひまわりの模様の椅子に座《すわ》って二人は日が暮れるまでいっしょに過ごした。おやつを分け合って食べ、喉《のど》が渇《かわ》けばホットレモネード

1　――線①について、Rちゃんは何のために来ていたのですか。

［　　　　　］で［　］を読むため。

2　学校にいるときとは対照的なRちゃんの様子を描《えが》いた一文を抜《ぬ》き出し、初めの五字を書きなさい。

［　　　　　］

3　――線②から、Rちゃんのどのような様子が分かりますか。当てはまる言葉を抜き出しなさい。

心が［　　］される様子。

答えと解説

1　読書休憩室・本

✎後に続く文章には、**読書休憩室で本を読み**、その合間に「私」と会話をするRちゃんの様子が描かれている。

2　読書休憩

✎Rちゃんは、「学校とは全く別人のように**おしゃべりで、おせっかいで、いきいきとしていた**」のだ。

3　解放

✎Rちゃんにとって読書休憩室は、**息苦しさから心が解放され**、自分らしくいられる場所だったのである。

漢字を読もう！　①頓着　②舗装　③遠慮
←答えは左ページ

を飲み、しまいには胸焼けしてくるのが常だった。お互《たが》い区切りのいいところまで来ると、登場人物の性格について議論したり、ストーリー展開を批判したり、次に読む本をアドバイスし合ったりした。驚《おどろ》くべきことにRちゃんは私が読む本の全てを既《すで》に読破しており、どんな細かい場面でも、ついさっき読み終えたばかりなのかと思うほどに鮮明《せんめい》に記憶《きおく》していた。そしてたいてい、③**私がうっとりする物語に限って、手厳しい言葉を浴びせた。**

「ご都合主義。」「甘《あま》ったるい。」「軽薄《けいはく》。」「気負いすぎ。」

Rちゃんは難しい言葉をたくさん知っていた。「ごつごうしゅぎ、って何？」と、私は尋《たず》ねなければならなかった。

どんなに親しく口をきくようになってからも、学校では知らんぷりのままでいた。目くばせさえ交《か》わさなかった。そうしてお互い、④**読書休憩室での秘密を守るための約束**を、暗黙《あんもく》のうちに了解《りょうかい》し合った。学校で一度でもそのことを口にしたら、もう二度と読書休憩室には入れないのだ、と二人とも固く信じた。

私が〝うそのお話〟を好むのに対し、Rちゃんが求めるのは〝本当のお話〟だった。趣味《しゅみ》が異なるおかげで本の取り合いにならずにすんだ。なかでも彼女が最も愛したのは、百科事典だった。

〔小川《おがわ》洋子《ようこ》「百科事典少女」による〕

4 ――線③について答えなさい。

(1) よく出る Rちゃんが――線③のようにしたのは、なぜですか。当てはまる言葉を抜き出しなさい。

Rちゃんは、□□□□□を好んでいたから。

(2) Rちゃんが最も好んでいたものは、何ですか。

（　　　　）

5 ――線④とは、どのようなことですか。考えて書きなさい。

学校では、（　　　　）ということ。

6 よく出る 「私」から見たRちゃんは、どのような人物ですか。選びなさい。

ア 現実を見つめようとし、誰《だれ》とも親しくしない人物。

イ 自分の頭で考えることが好きで、夢見がちな人物。

ウ 知識が深く、疑いのない現実を知ろうとする人物。

（　　）

4 (1)本当のお話

(1)〝うそのお話〟を好む「私」がうっとりするような物語は、**〝本当のお話〟を求めるRちゃんにとっては厳しい評価の対象**だったのである。

4 (2)百科事典

(2)最後の一文に〝本当のお話〟のなかでも、Rちゃんが最も愛したのは**「百科事典」**とある。

5 例読書休憩室のことを口にしない

学校では読書休憩室でのことを話さず秘密にしておくことで、**読書休憩室で過ごす特別な時間を守りたかった**のだ。

6 ウ

Rちゃんは、「私」が読む本の全てを読破しているほど、**本から知識を得ることに積極的**である。また、作り話ではなく、百科事典のような**現実の事柄《ことがら》が書かれた本を求めている。**

漢字で書こう！ ①とんちゃく　②ほそう　③えんりょ

答えは右ページ➡

テストに出る！

予想問題

次の文章を読んで、問題に答えなさい。

解答 p.2

30分

100点

　それは①果てしのない作業だった。一日に数時間、来る日も来る日もただひたすら百科事典を書き写し続ける。小さい椅子《いす》に体を押《お》し込《こ》め、背中を丸め、一字一句間違《まちが》えないよう息を詰《つ》める。そこでは動物が駆《か》け回り、歴史上の偉人《いじん》がたたえられ、惑星《わくせい》が瞬《また》き、工業機械が分解されている。同じページの中で、河童《かっぱ》とカッパドキアと活版印刷が仲良く並び、椰子蟹《やしがに》とやじろべえとヤスパースがにらみ合っている。もちろん、アッピア街道《かいどう》もまっすぐに延びている。

　次々と大学ノートが文字で埋《う》まってゆき、鉛筆《えんぴつ》は短くなってゆく。背中が痛み、ノートは汗《あせ》で湿《しめ》り、目はかすんでくるが、紳士《しんし》おじさんは投げ出さない。理由も考えないし、むきにもならない。この世界を形作っている物事を一個一個手に取り、じっくりと眺《なが》め、感触《かんしょく》を確かめてからまた元の場所に戻《もど》す。それを延々と繰《く》り返す。②かつて娘《むすめ》が探索《たんさく》した道をたどり、僅《わず》かな気配でも残っていないかと目を凝《こ》らし、どんなに望んでも彼女《かのじょ》が行き着けなかった道を、身代わりとなって踏《ふ》みしめる。

　ホットレモネードを一杯《いっぱい》注いだ後、私《わたし》は紳士おじさんの邪魔《じゃま》にならないよう、中庭から読書休憩《きゅうけい》室を見つめた。ただべべだけは違った。べべはどんなに近くにいても、何の差し障《さわ》りにもならなかった。Rちゃんのときと同じようにべべは、おじさんの足もとに寝《ね》そべり、ときどき尻尾《しっぽ》で床《ゆか》を掃《は》きながら、鉛筆の音に耳を澄《す》

1 ――線①「果てしのない作業」とは、どのようなことですか。「……作業。」につながるように、文章中から十二字で抜《ぬ》き出しなさい。〔15点〕

作業。

2 ――線②「かつて娘が……踏みしめる。」について答えなさい。

(1) 「どんなに望んでも彼女が行き着けなかった道」とは、何を表していますか。次の言葉に続けて書きなさい。〔15点〕

百科事典の中の、Rちゃんが生きている間に

(2) よく出る このときの様子から、紳士おじさんのどのような思いが分かりますか。次から二つ選び、記号で答えなさい。10点×2〔20点〕

ア 娘が努力したことを誰《だれ》かに理解してもらいたいという思い。
イ 娘が達成できなかったことを代わりに成し遂《と》げたいという思い。
ウ 娘が理解できなかったことを代わりに調べたいという思い。
エ 娘を理解しようとしなかったことを償《つぐな》いたいという思い。
オ 娘が生きた時間と愛した世界を丁寧《ていねい》にたどりたいという思い。

3 やや難 ――線③「おじさんの体が椅子に合わせて縮んでいるような錯覚に私は陥る」とありますが、これはどのようなことを表していますか。□に当てはまる言葉を書きなさい。〔20点〕

漢字を読もう！ ①唯一 ②凡庸 ③大胆
←答えは左ページ

ましていた。

紳士おじさんの横顔は天井《てんじょう》の小さな明かりに包まれている。右手は休みなく動き続け、視線は百科事典とノートを規則正しく行き来し、左手はそっと新しいページをめくる。いつの間にか③おじさんの体が椅子に合わせて縮んでいるような錯覚《さっかく》に私は陥《おちい》る。やがてRちゃんの残像と重なり合い、二人はどちらがどちらか区別がつかない一つの影《かげ》になって、百科事典を旅している。アッピア街道をいっしょに歩いてゆく。

紳士おじさんの来訪は何年も何年も続いた。終わりは来ないのではないだろうか、と感じることもしばしばあった。それが不安のようでもあり、また一方で、永遠を願う気持ちもあった。しかし私の思いがどうであろうと、間違いなく百科事典は一ページずつめくられていった。

火事があったとき、心配して翌朝一番にアーケードへやってきたのは紳士おじさんだった。

「大丈夫《だいじょうぶ》ですよ。」

その姿を認めて、最初に私はそう言った。

④「百科事典は大丈夫です。」

割れた天井のステンドグラスが辺り一面を覆《おお》っている間も、紳士おじさんの読書休憩室通いは途切《とぎ》れなかった。父亡《な》き後もその遺言《ゆいごん》を守るように、⑤店主たちは皆黙《みなだま》って紳士おじさんの姿を見守った。

〔小川《おがわ》洋子《ようこ》「百科事典少女」による〕

私がおじさんを、［　　　　］見ていること。

4 よく出る ——線④「百科事典は大丈夫です。」とありますが、私は紳士おじさんにどのようなことを言いたかったのですか。次から一つ選び、記号で答えなさい。〔15点〕

ア 百科事典は高価なものではないので、心配いりません。
イ 百科事典はここにはなかったので、燃えずに無事でした。
ウ 百科事典は燃えてしまったけれど、新しい本を用意しました。
エ 百科事典は無事であり、大切な作業を続けることができます。

［　　］

5 ——線⑤「店主たちは皆黙って紳士おじさんの姿を見守った」とありますが、このときの店主たちの気持ちを次から一つ選び、記号で答えなさい。〔15点〕

ア 誰も成し遂げられないようなおじさんの偉業《いぎょう》を、自分たちの目で見届けたい気持ち。
イ 毎日居座《いすわ》られるのは迷惑《めいわく》だが、娘を亡くしたおじさんのことを考えるとしかたがないという気持ち。
ウ 娘を思いながら果てしのない作業をしているおじさんを、そっと見守りたい気持ち。
エ 果てしのない作業を続けるうちにやつれていくおじさんが心配で、はらはらする気持ち。

［　　］

漢字で書こう！ ①ゆいいつ ②ぼんよう ③だいたん
答えは右ページ➡

教科書 p.56～p.57／p.58～p.60／p.310～p.311

日本語探検2 間違《まちが》えやすい敬語
漢字道場2 熟語の構成・熟字訓

テストに出る！

ココが要点

日本語探検2 間違《まちが》えやすい敬語

●尊敬語と謙譲語《けんじょう》を取り違えない。

① 「お(ご)～する」→謙譲語 / 「お(ご)～になる」→尊敬語

② 「お(ご)～できる」→謙譲語 / 「お(ご)～になれる」→尊敬語

③ 「お(ご)～してくださる」→謙譲語＋尊敬語 / 「お(ご)～くださる」→尊敬語

④ 「おる」→謙譲語 / 「いらっしゃる」→尊敬語

●敬語を二重・三重に重ねない。

×先生がお話しになられていらっしゃる。 ○話していらっしゃる。

例題

1 ――線の敬語の種類を選びなさい。

① どうぞご着席ください。（　　）

② お客様を駅までお送りする。（　　）

③ 本日中にお返事できます。（　　）

④ 先生がお帰りになる。（　　）

ア 尊敬語　**イ** 謙譲語《けんじょう》

答えと解説

1 ①ア ②イ ③イ ④ア

「**ご～くださる**」「**お～になる**」は尊敬語。「**お～する**」「**お～できる**」は謙譲語。

確認《かくにん》

◇敬語には尊敬語・謙譲語《けんじょう》・丁寧語《ていねい》の三種類があり、種類を間違えて使いやすいので注意が必要である。

◇二字熟語は九つ、三字熟語は四つの構成に分けられる。

5分間攻略ブック p.3／19

予想問題

テストに出る！

解答 p.3

20分　　/100点

日本語探検2 間違えやすい敬語

1 次の――線の敬語の種類が尊敬語ならA、謙譲語《けんじょう》ならB、謙譲語＋尊敬語ならCを書きなさい。　4点×3〔12点〕

① 青木先生、校長先生をお呼びしてください。

② きっとお客様もお喜びになる。

③ 母が先生にお答えします。

①	②	③

2 よく出る 次の――線を、（　）内の敬語表現に直して書きなさい。　5点×4〔20点〕

① その件は、私から先生に伝えます。（謙譲語）

② 校長先生は、上手な字を書く。（尊敬語）

③ 私が先生に協力できます。（謙譲語）

④ お客様、椅子《いす》にかけてください。（尊敬語）

①	②

③	④

3 やや難 次の――線を、正しい敬語表現に直して書きなさい。　6点×4〔24点〕

① 五人のお客様が家におります。

② まだ開館前ですので、お入りできません。

漢字を読もう！ ①山麓　②多寡　③凹凸
←答えは左ページ

2 （　）に当てはまる敬語表現を選びなさい。

① 先生が教室に（　　）
ア おる　**イ** いらっしゃる

② 母から先生へ（　　）ます。
ア ご連絡《れんらく》でき　**イ** ご連絡になれ

③ お客様、ドアまで（　　）ください。
ア お進みして　**イ** お進み

3 敬語の使い方が正しいものを選びなさい。（　　）

ア 先生が本をお読みになられている。
イ 先生が本をお読みになっている。
ウ 先生が本をお読みされている。

2 ①イ　②ア　③イ

誰《だれ》の動作かを捉《とら》える。
①「先生」→尊敬語
②「母」→謙譲語。**身内の動作には謙譲語を使う。**
③「お客様」→尊敬語

3 イ

「お読みになる」で一つの尊敬語。これに「**れる**」という尊敬語を重ねると、**二重敬語**になるので誤り。

漢字道場2　熟語の構成・熟字訓

テストに出る！ **ココが要点**

熟語の構成

- 二字が**対**《つい》**になる**もの　例 開閉・勝負
- 二字が**似た意味を持つ**もの　例 道路・豊富
- **同じ漢字**を重ねたもの（畳語《じょうご》）　例 段々・少々
- **主・述**の関係にあるもの　例 日照・県立
- **連体修飾**《しゅうしょく》**・被**《ひ》**修飾**の関係にあるもの　例 曲線・冷水
- **連用修飾・被修飾**の関係にあるもの　例 切望・最長
- 下の字が**対象や目的**を示しているもの　例 着陸・見物
- **接頭語・接尾**《せつび》**語**が付くもの　例 未開・知的
- 長い語の一部を**省略**して**短く**したもの　例 特急・入試

③ 先生が私の絵を拝見される。

④ 先生はバスでお帰りになられますか。

漢字道場2　熟語の構成・熟字訓

4 よく出る　**次の熟語と同じ構成の熟語を後から一つずつ選び、記号で答えなさい。**　3点×9〔27点〕

① 帰宅　② 幸福　③ 未熟　④ 模試　⑤ 日没《にちぼつ》
⑥ 独立　⑦ 年々　⑧ 往復　⑨ 物価

ア 売買　**イ** 秋風　**ウ** 私立　**エ** 必勝　**オ** 無理
カ 種々　**キ** 解放　**ク** 短大　**ケ** 降車

5 **次の三字熟語と同じ構成の三字熟語を後から一つずつ選び、記号で答えなさい。**　3点×3〔9点〕

① 蒸留水　② 市町村　③ 低気圧

ア 初対面　**イ** 科学的　**ウ** 向上心
エ 雪月花　**オ** 非常識

6 **次の――線の熟字訓の読み仮名**《がな》**を書きなさい。**　4点×2〔8点〕

① 雪崩が発生する。

② 五月雨の季節。

漢字で書こう！　①さんろく　②たか　③おうとつ
答えは右ページ➡

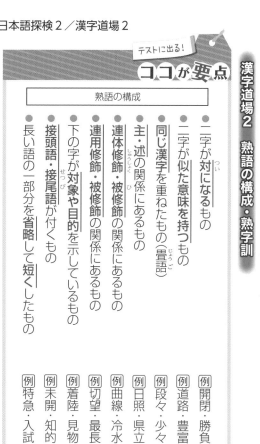

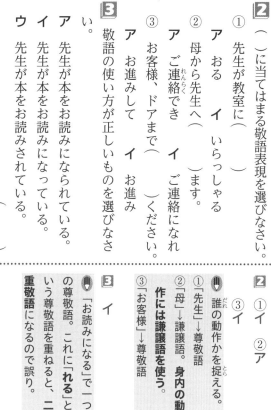

教科書 p.63～p.73

絶滅《ぜつめつ》の意味

テストに出る！

ココが要点

生態系の仕組み（教 p.66～p.67）➤例題

● **生態系**…ある地域に存在する**生物**とそれを取り巻く**環境**《かんきょう》の全て。

● 生態系で、全ての生物は互《たが》いに**影響**《えいきょう》**し合って**、バランスを保っている。

● 生態系…生態系を構成する生物の**相互作用**《そうご》によって機能を発揮する。

● 生物…生態系に支えられて生存する。人間も**生態系の一員**である。

絶滅《ぜつめつ》の問題を見過ごしてはならない（教 p.70～p.71）➤予想問題

● ある生物の絶滅が**生態系に与**《あた》**える影響**を予測することは難しい。

例 ラッコの減少…生物の減少が生態系に大きな影響を与えた。

● 絶滅は**不可逆的**で、絶滅してからその大切さに気づいても**遅**《おそ》**い**。

→人間は生物の絶滅の問題に真剣《しんけん》に向き合うべきである。

要旨《ようし》

◇現代の「生物の絶滅」は人間の行為《こうい》が原因であり、非常に速いスピードで起こっている。絶滅が生態系全体に及《およ》ぼす影響《えいきょう》は予測が難しく、絶滅は不可逆的なものである。

➡5分間攻略ブック p.4

例題　生態系の仕組み

では、このような生物の絶滅《ぜつめつ》は、私《わたし》たち人間に何か影響《えいきょう》を及《およ》ぼすのだろうか。それについて理解するためには、①「**生態系**」の仕組みについて知る必要がある。

生態系とは、ある地域に存在する生物と、それを取り巻く大気、水、土壌《どじょう》などの環境《かんきょう》の、全てをひっくるめた全体のことをいう。生態系において、全ての生物は、それぞれが独立して存在しているのではなく、②**互**《たが》**いに影響し合ってバランスを保っている**。例えば、多くの動物は、植物や他の動物を餌《えさ》にして生きている。植物には、水と光と土壌から吸収した栄養分があれば生きていけるものもある。しかし、それでも花粉を昆《こん》虫《ちゅう》に運んでもらわなければ種子ができず、そのために子孫を残すことができない植物も多い。また、土壌か

1 ――線①とは、何ですか。

ある地域に存在する［　　］と、それを取り巻く［　　］、［　　］、［　　］などの環境の全体。

2 ――線②の例に筆者が挙げているものとして、適切で**ない**ものを選びなさい。

ア　動物が植物や他の動物を餌にしている。

イ　植物が水と光と土壌の栄養分で生きている。

ウ　植物が花粉を昆虫に運んでもらって子孫を残している。

（　　）

答えと解説

1 生物・大気・水・土壌

「生態系とは……」から始まる一文を正しく捉《とら》える。生物だけではなく、それを**取り巻く環境の全て**を表すことに注意する。

2 イ

「例えば……」に続く文章と照らし合わせる。植物が水と光と土壌の栄養分で生きていることは、**生物が互いに影響し合っている例として挙げられてはいない**。

漢字を読もう！　①伐採　②潤沢　③貢献
←答えは左ページ

ら栄養を吸収する際に菌類《きんるい》の助けを借りている植物も多い。

③**生物どうしのこうした結び付き**を通じて、生態系の仕組みや働きが保たれているのである。例えば、森林がキノコや果物などを動物に提供するとか、きれいな水を作るとか、二酸化炭素を吸収して酸素を放出するとかという働きは、こうした結び付きがあって発揮される。もし、その森林で、④**ある昆虫が絶滅してしまう**と、その昆虫に花粉を運んでもらっていた樹木も子孫を残せない。そのため、五十年後か百年後にはその樹木がなくなり、更《さら》には森林という姿を保てなくもなるだろう。そうなると、きれいな水を生み出したり、酸素を供給したりといった働きも低下してしまうことになる。

このように、生態系はそれを構成する多様な生物の相互《そうご》作用によってその機能を発揮し、また、個々の生物は生態系に支えられて生存している。そして、私たち人間もまたこのような生態系の一員であり、その恩《おん》恵《けい》によって生きていくことができるのである。

〔中静《なかしずか》 透《とおる》「絶滅《ぜつめつ》の意味」による〕

3 よく出る ——線③が果たしている役割は、どのような役割ですか。

（　　　　）

4 ——線④は、どのようなことを引き起こしますか。順に、記号を並べ替《か》えなさい。

ア 樹木がなくなり、森林の姿が保てなくなる。

イ 花粉を運んでもらっていた樹木が子孫を残せなくなる。

ウ きれいな水や酸素を供給する働きが低下する。

（　）→（　）→（　）

5 よく出る 生態系とそれを構成する生物は、どのような関係ですか。当てはまる言葉を抜《ぬ》き出しなさい。

・生態系は（　　　　）によって機能を発揮している。

・個々の生物は（　　　　）生存している。

3 例生態系の仕組みや働きを保つ役割。

直前に挙げられている動物の捕《ほ》食《しょく》や昆虫による花粉の運搬《うんぱん》などのような結び付きが、**生態系の仕組みや働きを保っている。**

4 イ→ア→ウ

生態系の仕組みや働きを保てなくなった例である。ある昆虫の絶滅が、森林を壊《こわ》し、人間にとって不可欠な水や酸素にまで影響を及ぼす過程を、順を追って押《お》さえる。

5 ・それを構成する多様な生物の相互作用

・生態系に支えられて

この文章のまとめとなっている最後の段落から、**生態系の中で個々の生物が互いに支え合い、必要とし合いながら存続している**ことを捉えよう。

漢字で書こう！ ①ばっさい ②じゅんたく ③こうけん

答えは右ページ➡

テストに出る！

予想問題

次の文章を読んで、問題に答えなさい。

解答 p.3　30分　100点

　このように、多様な生物から成る生態系は、私《わたし》たち人間にも多大な恩恵《おんけい》をもたらしていることが分かる。だからこそ、生物の絶《ぜつ》滅《めつ》の問題を、人間に影響《えいきょう》のないものと安易に考えて見過ごしてはならないのである。

　これに対して、①絶滅してもかまわない生物もいるのではないか、と主張する人もいる。絶滅しても生態系に大きな影響を及《およ》ぼしそうにもない生物や、人間におよそ恩恵をもたらしそうにもない生物もいる、というのがその根拠《こんきょ》だ。

　だが実際には、ある生物の絶滅が生態系にどれくらいの影響を与《あた》えるかを推《お》し量ることは、容易ではない。生態系の仕組みはたいへん複雑で、僅《わず》かな条件の違《ちが》いがどのような結果を生むかの予測は極《きわ》めて難しいのである。

　例えば、一種類の生物の絶滅が他の生物の絶滅を連鎖《れんさ》的に引き起こすこともある。昆虫《こんちゅう》の中には、あるきまった植物しか食べないものも多い。したがって、ある植物の絶滅がそれを食べる昆虫の絶滅、更《さら》にはその昆虫を食べる動物の絶滅を引き起こす可能性もある。場合によっては、ある一種類の生物の絶滅により、生態系全体の仕組みが壊《こわ》れてしまうこともあるかもしれない。

　そんな例として、②ラッコの話がよく知られている。ラッコは、北の海にすむ愛らしい動物だが、その毛皮が高く取り引きされていたため、たくさんのラッコが捕獲《ほかく》されて個体数がとても少なくなってしまった。ラッコはウニ類や貝類を食べている。ラッコの数が減っ

1 (1) ——線①「絶滅しても……のではないか」について答えなさい。

この意見は、筆者のどのような意見に対する反論ですか。筆者の意見を、「……という意見。」につながるように、文章中から抜《ぬ》き出しなさい。〔15点〕

という意見。

(2) この意見の根拠を、二つに分けて書きなさい。10点×2〔20点〕

(3) この意見に対して、筆者が指摘《してき》していることを、文章中からひと続きの二文で抜き出し、初めの五字を書きなさい。〔10点〕

2 やや難 ——線②「ラッコの話」は、どのような例として挙げられていますか。〔20点〕

3 ——線③「問題は……分からないという点である」とありますが、なぜ問題なのですか。次から一つ選び、記号で答えなさい。〔10点〕

ア　絶滅や減少の後で、その生物が生態系や人間にとって重要であることが分かっても、手遅《てお》れになるから。

漢字を読もう！　①循環　②遮る　③紛糾
←答えは左ページ

たことでウニ類や貝類が増加した。ウニ類や貝類はコンブのような海藻《かいそう》を食べている。ウニ類や貝類が増えた結果、海藻が激減してしまった。つまり、ラッコを捕《と》りすぎた結果、海藻が海からなくなるということが起きてしまったのである。一見関係なさそうな生物の絶滅が、生態系全体に大きな影響を及ぼし、結果として私たちは生態系の恵《めぐ》みを受け取れなくなる可能性があるのだ。

もちろん、全ての生物がラッコのように、生態系やその働きに重大な影響を与えるわけではない。しかし、③問題は、どの生物が重要な役割を果たしているのかが分からないという点である。多くの場合、その生物が絶滅したり、極端《きょくたん》に数を減らしたりということが起こって、初めてその生物が重要であったことが分かるのである。

また、現時点では発見されていなかったり、人間にとって有用とは考えられていなかったりする生物も、バイオテクノロジーの進展によって、新たな食料や医薬品として人間の生存に役立つ可能性がある。熱帯の膨大《ぼうだい》な種類の植物の中には、難病といわれるような病気の特効成分を持つ樹木があるかもしれない。あるいは、土壌《どじょう》の中から非常に有効な抗生《こうせい》物質を作る菌《きん》が見つかるかもしれない。このような生物が絶滅することは、将来それらが資源として開発される可能性を失うことでもある。

更に一言付け加えるなら、④生物の絶滅は不可逆的である。一度生物が絶滅したらそれを復活させることはできない。絶滅してからその大切さに気づいても遅《おそ》いのである。

〔中静《なかしずか》 透《とおる》「絶滅《ぜつめつ》の意味」による〕

イ　分からないということは、生物に関する研究や分析《ぶんせき》がそれだけ遅れているということを表すから。
ウ　どの生物と関わり合っているのかを、人間が意識していないということを表すから。
エ　人間や生態系にとって害をなすような生物を、保護してしまうことになりかねないから。

□

4 よく出る　——線④「生物の絶滅は不可逆的である」に込《こ》められた筆者の主張を次から一つ選び、記号で答えなさい。〔10点〕

ア　生物の絶滅は避《さ》けることができないのだから、生物以外から食料や医薬品を得る技術を開発するべきである。
イ　これまでの問題意識の欠如《けつじょ》を反省し、人間に影響のある生物に限って絶滅から守るべきである。
ウ　もう絶滅してしまった生物に目を向けるのではなく、現在生存している種のことをまず考えるべきである。
エ　人間には影響がないと見過ごすのではなく、生物の絶滅について真剣《しんけん》に向き合わなければならない。

□

5 よく出る　この文章の内容として適切なものを次から一つ選び、記号で答えなさい。〔15点〕

ア　ラッコのように生物の減少が人間に有益な結果となることもある。
イ　一種類の生物の絶滅は、その生態系全体に確実に影響を及ぼす。
ウ　生物の絶滅が生態系に及ぼす影響は、簡単に予測できない。
エ　生物の絶滅は、人間に関係のないものとして無視されてきた。

□

漢字で書こう！　①じゅんかん　②さえぎ(る)　③ふんきゅう
答えは右ページ➡

日本語探検3 連語・慣用句
漢字道場3 四字熟語

確認《かくにん》
- 形のきまった言い方に、連語・慣用句がある。
- 四字熟語は六つの構成に分けられる。

5分間攻略ブック p.5

テストに出る！ ココが要点

日本語探検3 連語・慣用句

- 連語…二つ以上の語が組み合わさって、一つのまとまった言い方になっているもの。例足を組む
- 慣用句…二つ以上の語がきまった形で結び付き、全体で特別な意味を持つ言い方。例足を運ぶ（＝出かけていく）

例題

1 連語になるように、（　）に当てはまる言葉を選びなさい。

① 電話を（　　）
② 帽子《ぼうし》を（　　）
③ いびきを（　　）

ア かぶる　**イ** かける　**ウ** かく

2 慣用句になるように、（　）に当てはまる言葉を選びなさい。

① さじを（　　）
② 目に（　　）
③ 肩《かた》を（　　）

ア 投げる　**イ** 持つ　**ウ** 余る

答えと解説

1 ①イ　②ア　③ウ

「何をどうする」か、それぞれの動作のときの、自然な言い方を考える。

2 ①ア　②ウ　③イ

①見込《こ》みがないとあきらめること。②程度がひどくて見過ごせないこと。③味方をすること。

テストに出る！ 予想問題

解答 p.4　20分　100点

日本語探検3 連語・慣用句

1 次の□に当てはまる言葉を後から一つずつ選び、記号で答えなさい。　3点×4〔12点〕

① 決心が□　② 知恵《ちえ》を□
③ 傘《かさ》を□　④ 辞書を□

ア つく　**イ** 引く　**ウ** 絞《しぼ》る　**エ** 差す

①	②	③	④

2 よく出る 次の□に当てはまる慣用句を後から一つずつ選び、文に合う形に直して書きなさい。　4点×4〔16点〕

① 頼《たの》みを断られ、彼《かれ》は□た。
② あの人は自分のことは□て、人を責めてばかりいる。
③ どうやら病状は□たようです。
④ せっかくのチャンスを□てしまった。

棚《たな》に上げる　峠《とうげ》を越《こ》す　肩《かた》を落とす　棒《ぼう》に振《ふ》る

①	②
③	④

漢字を読もう！　①奮闘　②情状酌量　③東奔西走
←答えは左ページ

3 慣用句になるように、（　）に当てはまる言葉を選びなさい。

① （　）が痛い
② （　）を焼く

ア 鼻　**イ** 手　**ウ** 耳

テストに出る！
ココが要点
漢字道場３　四字熟語

四字熟語の構成

- 四字それぞれが**対等の関係**にあるもの　例 東西南北
- **対義の**二字から成る語を二つ重ねたもの　例 前後左右
- **同じ字の繰《く》り返し**を二つ重ねたもの　例 平々凡々《ぼん》
- **意味の似た**二字熟語を重ねたもの　例 公明正大
- **意味が対《つい》になる**二字熟語を重ねたもの　例 半信半疑
- **上の二字が下の二字**にかかるもの　例 用意周到《しゅうとう》

例題

4 次の四字熟語の構成を選びなさい。

① 一進一退（　）
② 暗中模索《もさく》（　）
③ 自由自在（　）

ア 意味の似た二字熟語を重ねたもの
イ 意味が対《つい》になる二字熟語を重ねたもの
ウ 上の二字が下の二字にかかるもの

3 ①ウ　②イ

①自分の弱点を言われて聞くのがつらいこと。②取り扱《あつか》いに困ること。

答えと解説

4 ①イ　②ウ　③ア

①「一進」は「進む」、「一退」は「退く」で、**意味が対になる**。②「暗中」を「模索する」という意味で、**上の二字が下の二字にかかる**。③「自由」も「自在」も、「思う通りにできる」という**似た意味**。

3 次の慣用句の意味を後から一つずつ選び、記号で答えなさい。　4点×6〔24点〕

① 歯が立たない　② 油を売る　③ 水に流す
④ 猫《ねこ》をかぶる　⑤ 目が高い　⑥ 木で鼻をくくる

ア 本性を隠《かく》しておとなしそうにする。
イ 無駄《むだ》話をして仕事をなまける。
ウ 相手が強くてかなわない。
エ 冷たくそっけない態度をとる。
オ 過去のことをなかったことにする。
カ よいものを見分ける力がある。

①	④
②	⑤
③	⑥

漢字道場３　四字熟語

4 よく出る　**次の四字熟語と同じ構成の四字熟語を後から一つずつ選び、記号で答えなさい。**　4点×6〔24点〕

① 一刀両断　② 喜怒哀楽《きどあいらく》　③ 三々五々
④ 千差万別《ばんべつ》　⑤ 有名無実　⑥ 老若男女《ろうにゃくなんにょ》

ア 謹厳《きんげん》実直　**イ** 花鳥風月　**ウ** 内憂外患《ないゆうがいかん》
エ 古今《ここん》東西　**オ** 大器晩成　**カ** 明々白々

①　②　③　④　⑤　⑥

5 やや難　**四字熟語になるように、□に当てはまる漢数字を書きなさい。**　4点×6〔24点〕

① 七転□倒《とう》　② 朝《ちょう》□暮《ぼ》四《し》　③ 一石□鳥
④ □里霧中《むちゅう》　⑤ □苦八苦　⑥ 終始□貫《かん》

①　②　③　④　⑤　⑥

漢字で書こう！　答えは右ページ➡　①ふんとう　②じょうじょうしゃくりょう　③とうほんせいそう

教科書 p.86～p.91

恩返しの井戸を掘《ほ》る

5分間攻略ブック p.6

主題

◆ギニアの医師に命を救われた筆者が、恩返しの気持ちから、ギニアの村人と力を合わせて井戸を掘る。この体験の中で筆者は、豊かさを教わったと感じる。

テストに出る！

ココが要点

体験の中で感じた豊かさ（教 p.90～p.91）▶**予想問題**

●村人総出で掘《ほ》った井戸から透明《とうめい》な水が出る。

→「自分たちの井戸だ。」という村人たちの強い気持ち。

●村人たちから**豊かさ**を教えられている、という筆者の思い。

日本で体験を語ったり、**豊かさ**について子供たちと考えたりしながら、これからも**恩返し**を続けたい。

テストに出る！

予想問題

解答 p.4

30分　100点

次の文章を読んで、問題に答えなさい。

二〇〇五年五月、掘削《くっさく》現場を訪《おとず》れた僕《ぼく》は、それまでになかった、りっぱな井戸を見つけた。「水が出た。」という報告は、日本で受けていたが、まだ信じられなかった。①坂道を転がるように下り、セメントで固められた深い井戸をのぞき込《こ》む。底には透《す》き通ったきれいな水がたっぷりとたまっていた。②本当にできたんだ。

村人の代表が、井戸に取り付けた手押《てお》しポンプを上下に動かす。ギッ、ギッ……。みんなが息をのんで見守る中、ついに透明《とうめい》な水が出た！

③僕らはみんなで握手《あくしゅ》をして喜びを分かち合った。子供たちは、不思議そうにポンプの先から出る水を見つめている。村人たちの

1 よく出る ――線①「坂道を転がるように下り」という様子から、筆者のどのような気持ちが分かりますか。次から一つ選び、記号で答えなさい。〔15点〕

ア 井戸から水が出たことを確信し、うれしくてしかたがない。

イ 井戸ができたことを、一刻も早く自分の目で確かめたい。

ウ 井戸の水が出たことを、今すぐにでも日本に伝えたい。

エ 井戸のセメントが固まったかどうか、とにかく心配だ。

□

2 ――線②「本当にできたんだ。」とありますが、このときの筆者の気持ちとして、次の□に当てはまる言葉を書きなさい。〔15点〕

井戸ができたことを

□

3 やや難 ――線③「僕らはみんなで握手をして喜びを分かち合った。」とありますが、「喜び」の理由を次から一つ選び、記号で答えなさい。〔15点〕

ア 日本の技術を使って作った井戸がすばらしい出来だったから。

イ 井戸の水が出たので、残るは仕上げの作業だけになったから。

ウ 安全な水を得るための井戸が、自分たちの力で完成したから。

エ 井戸を作ってみたいという「僕」の夢がやっとかなったから。

□

漢字を読もう！ ①併発　②泊まる　③維持

←答えは左ページ

笑顔《えがお》、特に女性が手をたたいて喜ぶ姿がうれしかった。

この井戸は、④村人総出の手作りでできた井戸だ。子供たちが車の入れる道を切り開き、職人たちが朝から晩まで掘《ほ》り続け、村人がバケツで土を運び出し、女性が川から運んできた水をセメントに混ぜ、幼稚《ようち》園児くらいの子供までも砂利《じゃり》を集めて手伝った。女性も子供もお年寄りもみんなが汗《あせ》を流した。彼《かれ》らの「自分たちの井戸だ。」という強い気持ちが伝わってくる。

⑤僕は胸がいっぱいになり、関わった全ての人に感謝の気持ちを伝えたくなった。

僕がギニアをたつとき、シェリフは言った。

「タツのおかげで村に井戸ができて本当に感謝している。でも、タツが毎年、僕たちのことを忘れずに会いに来てくれることが、実はいちばんうれしいんだ。」

僕は、恩返しのつもりでギニアを訪れていたのだが、シェリフや村人たちに心からもてなしてもらい、水や命の大切さ、家族の大切さ、分け合うこと、みんなで作りあげること、感謝の気持ちなど、本当に大切なことにたくさん気づかせてもらった。

水や薬があるからといって豊かになるわけではない。逆に彼ら⑥から豊かさについて教えられているような気がしてならない。僕が日本で自分の体験を語ったり、豊かさについて子供たちと考えたりすることも、恩返しの一つだと思う。⑦これからも出会った人に感謝しながら、恩返しを続けていきたい。

〔坂本《さかもと》 達《たつ》「恩返しの井戸を掘《ほ》る」による〕

4 ――線④「村人総出」の様子が具体的に書かれている部分を文章中からひと続きの二文で抜《ぬ》き出し、初めと終わりの五字を書きなさい。〔10点〕

□□□□□ ～ □□□□□

5 ――線⑤「僕は胸がいっぱいになり」とありますが、それはなぜですか。次から一つ選び、記号で答えなさい。〔15点〕

ア　自分の指導により井戸ができたという満足感を覚えたから。
イ　村人たちが井戸や水の大切さをようやく知ってくれたから。
ウ　関わった全ての村人が、「僕」に感謝してくれているから。
エ　自分たちの井戸だという村人たちの強い思いを感じたから。

□

6 ――線⑥「豊かさについて教えられているような気がしてならない」とありますが、筆者が教わった「豊かさ」の内容を文章中から四十字で抜き出し、初めと終わりの五字を書きなさい。〔15点〕

□□□□□ ～ □□□□□

7 よく出る ――線⑦「これからも出会った人に感謝しながら、恩返しを続けていきたい。」とありますが、「恩返し」の一つとして、筆者はどのようなことをしたいと考えていますか。文章中から抜き出しなさい。〔15点〕

□

漢字で書こう！　①へいはつ　②と(まる)　③いじ
答えは右ページ➡

教科書 p.96～p.105

幸福について

主題

◆問題をはっきりさせ、その問題に対してみんなで議論することは、正しい考えを求める共同作業である。結論は簡単には出ないが、議論によって考えは深まる。

5分間攻略ブック p.6

テストに出る！ ココが要点

問題の整理（教 p.96～p.98）➤例題

- 「幸福」について、カイは「**お金**」、トッポは「**喜び**」の話をする。
- グーが議論を客観的に整理しようとする。
- 「**幸福とは何か**」と「**どうすれば**幸福になれるか」は「**違《ちが》う問題**」。
- まず「**幸福とは何か**」を考えるのが先である。

議論の楽しさとだいじなこと（教 p.98～p.100）➤予想問題

- 「幸福」はその人の**気持ち**の問題だという前提も**疑って**みるべき。
- 今まで考えていなかったことへの気づきが「**議論の楽しさ**」。
- 「幸福」と「**幸福感**」は同じものなのか、違うのかが問題。
- 敵か味方かではなく、「**どう考えるのが正しいのか**」がだいじ。

例題　問題の整理

カイ　お金がなければ幸福は手に入らないよ。
トッポ　そうかなあ。幸福っていうのは喜びを感じることだと思うな。
カイ　だって、お金があれば欲《ほ》しいものが買えるじゃない。
トッポ　だけど、お金で人の気持ちは買えないよ。
グー　安いものでもちょうど欲しかったものってうれしいよね。
トッポ　金持ちでも自分のことを幸福とは感じてない人もいると思うよ。結局、幸福って、その人の気持ちの問題じゃないかな。
カイ　でも、やっぱりお金は必要でしょ？
グー　①**ちょっと待って**。何《なん》かごちゃごちゃしちゃった。

1 「幸福」について、カイとトッポは、それぞれどのように考えていますか。

カイ　…（　　　　　）幸福は手に入らない。
トッポ…幸福とは（　　　　　）。

2 よく出る ——線①と言ったグーは、どうしたいのですか。選びなさい。（　　）

ア 議論が尽《つ》きたので結論をまとめたい。
イ 議論を客観的に見て論点を整理したい。
ウ 議論に新たな話題を加え活発にしたい。

答えと解説

1 カイ…お金がなければ
トッポ…喜びを感じること（だ）

✎二人は初めに「**お金がなければ**幸福は手に入らないよ。」「幸福っていうのは**喜びを感じることだ**と思うな。」と言っている。

2 イ

✎グーが、「分かれたっていうより、……話が**交ざってない？**」と議論を客観的に見て、「それが何かっていうことと、……手に入るのかっていうことは**別だ**」と論点を整理している。

漢字を読もう！　①絞る　②充実感　③丘
←答えは左ページ

カイ　意見が分かれたからね。
グー　分かれたっていうより、②**幸福って何《なん》だろうという話**と、③**どうすれば幸福になれるかという話**が交ざってない？
トッポ　同じことじゃないの？
グー　そうかなあ。それが何《なに》かっていうことと、それはどうすれば手に入るのかっていうことは別だと思うけど。
トッポ　よく分からないな。どう違《ちが》うの？
カイ　ああ、そうか。例えばさ、テレビとは何《なに》かっていう話とテレビはどうやって作るのかっていう話は別だよね。
トッポ　それはそうだね。……幸福とは何《なに》か。どうすれば幸福になれるか。……関係するけど、違う問題か。
グー　幸福はお金で買えるかというのは、どうすれば幸福になれるかという話で、幸福は喜びを感じることだというのは、幸福とは何《なに》かという話になるのかな。
カイ　うん。そうしたら、④**まず幸福とは何《なに》かを考えるのが先かな**。幸福が何《なん》なのかが分からなかったら、どうすれば幸福になれるのかも分からないものね。

［野矢《のや》茂樹《しげき》「幸福について」による］

3 ――線②と――線③が「交ざってない？」というグーの言葉には、どのような意図がありますか。選びなさい。
ア　意見が分かれたことを再確認《かくにん》する。
イ　誰《だれ》の考えが正しいかを明らかにする。
ウ　議論が混乱した原因を指摘《してき》する。　（　　）

4 よく出る　――線②と――線③の話における「幸福」を、カイは何にたとえていますか。
（　　　　）

5 ――線②と、――線③に当たるのは、どちらですか。
ア　幸福はお金で買えるか。
イ　幸福は喜びを感じることか。
②（　　）　③（　　）

6 カイが――線④のように考えるのは、なぜですか。
（　　　　）が分からなかったら、（　　　　）も分からないから。

3 ウ
✎ グーは、議論が「何かごちゃごちゃしちゃった」と言ってから、この発言をしている。**「ごちゃごちゃし」た原因**を考えているのである。

4 テレビ
✎ 「例えば」という言葉に着目する。「例えばさ、**テレビとは何かっていう話とテレビはどうやって作るのかっていう話**」とたとえている。

5 ②イ　③ア
✎ グーが「**幸福はお金で買えるかというのは、どうすれば幸福になれるかという話**で、**幸福は喜びを感じることだ**というのは、**幸福とは何か**という話」と言っている。

6 幸福が何なのか・どうすれば幸福になれるのか
✎ 直後の「**幸福が何なのか**が分からなかったら、**どうすれば幸福になれるのか**も分からないものね」に着目する。

漢字で書こう！　①しぼ(る)　②じゅうじつかん　③おか
答えは右ページ➡

テストに出る！

予想問題

次の文章を読んで、問題に答えなさい。

解答 p.5　　30分　　/100点

トッポ　じゃあさ、①「幸福とは何《なに》か」だけど、さっきも言ったように、喜びを感じることが幸福なんじゃないかな。

カイ　どうだろう。例えばさ、スポーツの練習をしてくたくたになって帰るとき、今日も頑張《がんば》ったぞって、幸せな気持ちになることがあるけど、それはむしろ充実《じゅうじつ》感でしょう。

トッポ　それも喜びじゃないの？

カイ　喜びとはちょっと違《ちが》うよね。試合に勝ったときは喜びだけど、練習のときは充実感だよ。

トッポ　でもさ、おいしいものを食べてるときって幸せだけど、それは喜びでしょ？　充実感とは違うな。

グー　あのさ。二人とも、幸福ってその人の気持ちの問題だって、考えてるわけ？

カイ・トッポ　どういうこと？

グー　喜びとか充実感とか、とにかく何《なに》か幸福といえるような気持ちになっていれば幸せだし、そういう気持ちになってなければ幸せじゃないって、②二人ともそう考えてるんだよね。

——私《わたし》も、幸せなときってどんな気持ちだろうと考え始めていたから、この発言にはどきっとした。「幸せなときはどんな気持ちか」という問いは、幸福は気持ちの問題だということを前提にしている。だけど、その前提も疑ってみるべきなのかもしれない。

1　——線①「幸福とは何か」とありますが、トッポとカイは、「幸福」とは何だと考えていますか。文章中からそれぞれ三字以内で抜《ぬ》き出しなさい。　10点×2〔20点〕

トッポ □□□　カイ □□□

2　——線②「二人ともそう考えてるんだよね」について答えなさい。

(1)　グーが二人に対して指摘《してき》しているのは、どのようなことですか。次から一つ選び、記号で答えなさい。〔10点〕

ア　二人が、相手の考えを幸福には当たらないと考えていること。
イ　二人が、幸福をその人の気持ちの問題だと考えていること。
ウ　二人が言う喜びや充実感の他にも、幸福はあること。
エ　幸福に関する二人の考えは、両方間違っていること。

□

(2)　グーの指摘を聞いた筆者が気づいたこととして、□に当てはまる言葉を、文章中から抜き出しなさい。　5点×2〔10点〕

何かについて問うときは、その問いが ⓐ□□ にしているものを ⓑ□□□□□ べきかもしれないということ。

3　よく出る　——線③「議論の楽しさ」とありますが、Ⅰ…楽しさを感じるのは、どのようなときですか。また、Ⅱ…楽しさを感じるには、どのような姿勢が必要ですか。書きなさい。　10点×2〔20点〕

Ⅰ

Ⅱ

議論していて楽しいのは、こんなふうに今まで考えていなかったことに気づかされるときだ。ほかの人の発言から何《なに》かを学ぼうとすること。その姿勢があれば、議論することがもっと楽しくなるはずだ。いけない。つい私自身が生徒たちにどうやって③議論の楽しさを教えようかと考え始めてしまった。

グーの疑問を受けて、カイがその疑問を言い直した。

カイ　④喜びなのか充実感なのかという問題はいったん置いといて、そういう気持ちをまとめて「幸福感」っていうことにしようか。そうすると、幸福と幸福感は同じものなのか、違うのか。それがそもそも問題だってことだね。

グー　ああ、そう。そういうこと。

トッポ　幸福と感じてることと本当に幸福かどうかは同じことか、それとも違うことかが問題っていうこと？

グー　うん。幸福と幸福感は違うんじゃないかな。

トッポ　じゃあ、幸せだって感じてるのにほんとは幸せじゃないとか、幸せじゃないって感じてるのにほんとは幸せとか、そんなことがあるっていうわけ？

カイ　あるかもしれない。

トッポ　⑤どっちの味方なのさ。

カイ　いや、敵とか味方じゃなくて、だいじなのはどう考えるのが正しいのかだからさ、話し合ってる間に考えが変わることだってあるじゃない。

〔野矢《のや》茂樹《しげき》「幸福について」による〕

---

4 よく出る　――線④「喜びなのか充実感なのかという問題はいったん置いといて」とありますが、カイはこの後、新たにどのような問題を提示しましたか。〔10点〕

[　　　　]

5 やや難　――線⑤「どっちの味方なのさ。」について答えなさい。

(1) トッポはなぜこのように言ったのですか。次から一つ選び、記号で答えなさい。〔10点〕

ア　カイは幸福とは幸福な気持ちになることだと言っていたはずなのに、グーの話を聞いてからトッポの考えに同意したから。

イ　カイはトッポと同様に、幸福と幸福感は違うと考えていたはずなのに、グーに同意して幸福と幸福感は同じと言ったから。

ウ　カイはトッポと同様に、幸福とは幸福感のことだと考えていたはずなのに、そのことを疑うグーに理解を示し始めたから。

エ　カイはトッポの話を聞いて幸福は喜びだと言ったり、グーの話に同意したり、考えがすぐに変わるから。

[　　]

(2) このトッポの言葉に対して、カイはどのように答えましたか。ⓐ・ⓑに当てはまる言葉を、ⓐは文章中から抜き出し、ⓑは「敵」という言葉を使って書きなさい。　10点×2〔20点〕

話し合っていると、その間にⓐ[　　　　　　]ことだってあるので、だいじなのは、ⓑ[　　　　　　]である。

漢字で書こう！　①かじょう　②しょうてん　③ねこ

文法の窓1 曖昧《あいまい》な文・分かりづらい文
漢字道場4 送り仮名《がな》

確認《かくにん》

◇書き方によって、読み手に分かりづらい文になったり二通りの意味にとれる文になることがある。
◇送り仮名の付け方には、原則と例外がある。

⇨5分間攻略ブック p.6／p.19

テストに出る! ココが要点

文法の窓1 曖昧《あいまい》な文・分かりづらい文

● 読点（「、」）の打ち方が不十分であったり、漢字を当てていなかったりする。
● 修飾語《しゅうしょく》や主語がどこにかかるのか分からない。
● 打ち消しの言い方に伴《ともな》って曖昧になる。
● 主語・述語のねじれ。

例題

1 〔 〕の意味になるように、次の文に読点を打ちなさい。

① 兄は　大声で　騒《さわ》ぐ　弟を　呼んだ。
〔兄が大声を出した。〕

② 我《わ》が家で　作った　パンを　食べましょう。
〔我が家以外の場所でパンを作った。〕

2 正しい文になるように、――線の部分を直しなさい。

私《わたし》の夢は、水泳選手になりたい。

（　　　　　　）

答えと解説

1 ①兄は大声で、騒ぐ弟を呼んだ。
②我が家で、作ったパンを食べましょう。

✎ 連文節になる部分をまとめる。

2 例 なることだ

✎ 「私の夢は」には「……ことだ（です）」が対応する。

テストに出る! 予想問題

解答 p.5　20分　100点

文法の窓1 曖昧《あいまい》な文・分かりづらい文

1 よく出る 次の意味をはっきり表している文をそれぞれ後から選び、記号で答えなさい。　10点×2〔20点〕

① 父が急いでいる。
ア 私《わたし》は、急いで出かけようとしている父に声を掛《か》けた。
イ 私は急いで、出かけようとしている父に声を掛けた。

② 女の子が赤いかばんを持っている。
ア 赤いかばんを持っている、女の子の隣《となり》にいる人が先生です。
イ 赤いかばんを持っている女の子の隣にいる人が、先生です。

①	②

2 次の文を、〔 〕の意味になるように、――線の部分の語順を変えて書き直しなさい。　15点×2〔30点〕

① 僕《ぼく》はもう一度本を読み始めた姉に話しかけた。
〔僕がもう一度話しかけた。〕

② 私はずっと雨にぬれている花を眺《なが》めた。
〔私がずっと眺めた。〕

漢字道場4　送り仮名《がな》

テストに出る！ ココが要点

原則 ●動詞・形容詞・形容動詞…活用語尾《ごび》を送る。例走る・広い

例外
●動詞……例明らむ・浮《う》かぶ・捕まる
●形容詞……①語幹が「し」で終わるもの。例悔《くや》しい
　②その他　例危ない・小さい
●形容動詞…①活用語尾の前に「か」「やか」「らか」を含《ふく》むもの。例暖かだ・健《すこ》やかだ・明らかだ
　②その他　例平らだ・盛《さか》んだ

●名詞…送り仮名を付けない。活用のある語を元とする語は、元の送り方によって付ける。例動き・痛み

原則 ●連体詞・副詞・接続詞…最後の字を送る。例最も・但《ただ》し

例外
●名詞…①最後の字を送るもの。例勢い・幸い
　②活用のある語を元にしているが、送り仮名を付けないもの。例志・畳《たたみ》
●連体詞・副詞・接続詞…①特別な送り方のもの。例明くる
　②他の語と関連のあるもの。例例えば（←例える）

例題

3 ——線を漢字と送り仮名《がな》で書きなさい。

① 料理をあじわう。（　　）
② かならず返す。（　　）

答えと解説

3 ①味わう　②必ず

①**動詞の例外**で、活用語尾《ごび》ではない部分から送る。②**副詞の原則的な送り方**で、最後の字を送る。

①	②
僕は	私は

3 やや難 **次の文を、〔　〕の意味になるように、言葉を補って分かりやすく書き直しなさい。** 〔15点〕

彼《かれ》のように本で調べない人には、歴史のことは分からない。
〔彼は本で調べない。〕

（　　）

漢字道場4　送り仮名《がな》

4 よく出る **次の——線を漢字と送り仮名に直して書きなさい。** 5点×7〔35点〕

① ふかみのある色合い。
② いちじるしい変化。
③ ただちに退出してください。
④ やわらかな毛布で寝《ね》る。
⑤ 鐘《かね》の音がおごそかだ。
⑥ 試合の準備をおこたる。
⑦ 非常識もはなはだしい。

①	②	③	④	⑤	⑥	⑦

漢字で書こう！　①まかな（う）　②わずら（わす）　③みさき
答えは右ページ➡

初恋《はつこい》

主題

◆みずみずしい初恋の様子を描《えが》いた詩。少年が林檎《りんご》の木の下で少女と出会い、恋心を抱《いだ》き、気持ちを深めていく様子が、七五調《しちご》で美しく表現されている。

テストに出る！ココが要点

詩の形式

●七五調のリズムを持つ、**文語定型詩**。

作者

●作者…**島崎藤村**《しまざきとうそん》

●代表作…小説「**破戒**《はかい》」・「**夜明け前**」など

テストに出る！予想問題

解答 p.6

30分　/100点

次の詩を読んで、問題に答えなさい。

初恋《はつこひ》　島崎藤村《しまざきとうそん》

①まだあげ初《そ》めし前髪《まへがみ》の
林檎《りんご》のもとに見えしとき
前にさしたる花櫛《はなぐし》の
ⓐ花ある君と思ひけり

やさしく白き手をのべて
林檎をわれにⓑあたへしは
②薄紅《うすくれなゐ》の秋の実に
人こひ初めしはじめなり

4 ——線②「薄紅の秋の実」について答えなさい。

(1) 同じものを表している言葉を、詩の中から抜き出しなさい。〔5点〕

(2) **よく出る** これは「われ」のどのような心情を象徴《しょうちょう》していますか。次から一つ選び、記号で答えなさい。〔10点〕

ア 初めての恋《こい》にとまどい、気後《きおく》れしてためらう気持ち。
イ 初めて恋を知ったときの、新鮮《しんせん》で甘《あま》ずっぱい気持ち。
ウ 初めての恋心が伝わらず、苦々しくもどかしい気持ち。
エ 初めての恋に破れて、ほろ苦く寂《さび》しい気持ち。

5 **やや難** ——線③「こころなきためいき」とは、どのようなためいきですか。意味を書きなさい。〔15点〕

6 ——線④「たのしき恋の盃を／君が情に酌みしかな」について答えなさい。

(1) ここで用いられている表現技法を次から一つ選び、記号で答えなさい。〔5点〕

ア 倒置《とうち》　**イ** 対句《ついく》
ウ 体言止め　**エ** 比喩《ひゆ》

漢字を読もう！ ←答えは左ページ　①踏む　②苦悩　③前髪

わが③こころなきためいきの
その髪の毛にかかるとき
④たのしき恋の盃《さかづき》を
君が情《なさけ》に酌《く》みしかな

林檎畠《ばたけ》の樹《こ》の下《した》に
ⓒおのづからなる細道は
⑤誰《た》が踏《ふ》みそめしかたみぞと
問ひたまふこそこひしけれ

1 よく出る　この詩の形式を、漢字五字で書きなさい。〔5点〕

2 〰〰線ⓐ「思ひけり」、ⓑ「あたへし」、ⓒ「おのづから」を現代仮名遣《かなづか》いに直し、全て平仮名で書きなさい。4点×3〔12点〕

ⓐ　ⓑ　ⓒ

3 ――線①「まだあげ初めし前髪」から、どのようなことが分かりますか。次から一つ選び、記号で答えなさい。〔10点〕

ア「君」の髪型がまだよく似合っていないこと。
イ「君」の幼い頃《ころ》の様子が回想されていること。
ウ「君」が十代半ばの思春期にあること。
エ「君」がおしゃれに興味を持っていること。

(2) この表現の内容を次から一つ選び、記号で答えなさい。〔10点〕

ア 自分の気持ちが通じて、恋の喜びに酔《よ》いしれている。
イ 相手の気持ちに賛辞を送り、褒《ほ》めたたえている。
ウ 自分の気持ちが情けなく、忘れようとしている。
エ 自分の心変わりで、楽しかった恋も最後と感じている。

7 ――線⑤「誰が踏みそめしかたみぞと／問ひたまふこそこひしけれ」について答えなさい。

(1)「誰が踏みそめしかたみぞ」と言ったのは、誰《だれ》ですか。詩の中から一語で抜き出しなさい。〔6点〕

(2) なぜ恋しいと思うのですか。次から一つ選び、記号で答えなさい。〔10点〕

ア 細道に気づかない、のんきなところがかわいらしいから。
イ 今までのいきさつを忘れて質問する様子がほほえましいから。
ウ 答えが分かっている質問を、いたずらっぽく聞いてくるから。
エ 答えがないような、思いがけないおもしろい質問をするから。

8 よく出る　この詩の四つの連の内容を次から一つずつ選び、記号で答えなさい。3点×4〔12点〕

ア 林檎の木の下で、初恋の相手となる少女に出会う。
イ 少女のおかげで、私《わたし》は恋の切なさと喜びを知る。
ウ 恋が深まり、少女のことをいっそういとしいと思う。
エ 少女が林檎を手渡《てわた》してくれて、初めての恋が始まる。

第一連	第二連	第三連	第四連

漢字で書こう！　①ふ（む）　②くのう　③まえがみ
答えは右ページ➡

教科書 p.128～p.134

万葉《まんよう》・古今《こきん》・新古今《しんこきん》

確認《かくにん》

◇「仮名序《かなじょ》」には、和歌の本質がまとめられている。
◇「万葉集」「古今和歌集」「新古今和歌集」は、日本古来の美意識が表された、特に優《すぐ》れた代表的歌集である。

5分間攻略ブック p.7／p.16

テストに出る！ ココが要点

和歌の形式
● 五・七・五・七・七の三十一音が基本。

和歌の修辞
● **枕詞《まくらことば》**…特定の語を導き出すため、その直前に置くもの。多くは五音。
● **序詞《じょことば》**…ある語句を導き出す言葉で、枕詞よりも多くの音数から成る。
● **掛詞《かけことば》**…一つの語に同音の複数の語の意味を重ね合わせるもの。

和歌の種類
● 長歌、反歌、東歌《あずまうた》、防人歌《さきもりのうた》など。

作品
● **万葉集《まんようしゅう》**…奈良《なら》時代に成立した、現存する最古の歌集。
● **古今和歌集《こきんわかしゅう》**…平安《へいあん》時代に醍醐《だいご》天皇の命令で編纂《へんさん》された歌集。
● **新古今和歌集《しんこきんわかしゅう》**…鎌倉《かまくら》時代に後鳥羽《ごとば》上皇の命令で編纂された歌集。

例題 万葉《まんよう》・古今《こきん》・新古今《しんこきん》

◇万葉集◇

A あしひきの山のしづくに①妹《いも》待つと我《われ》立ち濡《ぬ》れぬ山のしづくに
大津皇子《おおつのみこ》

B 我《あ》を待つと②君が濡れけむあしひきの山のしづくにならましものを
石川郎女《いしかわのいらつめ》

C 瓜《うり》食《は》めば　子ども思ほゆ　栗《くり》食めば　まして偲《しぬ》はゆ　いづくより　来たりしものそ　まなかひに　もとなかかりて　安眠《やすい》しなさぬ
山上憶良《やまのうえのおくら》

1 よく出る Aの歌の枕詞《まくらことば》を抜《ぬ》き出しなさい。
（　　　　）

2 ——線①と——線②は、それぞれ誰《だれ》のことですか。名前を抜き出しなさい。
①（　　　　）
②（　　　　）

3 Cの歌の形式を何といいますか。
［　　］

答えと解説

1 あしひきの
「あしひきの」は、「山」などを導き出す枕詞である。

2 ①石川郎女 ②大津皇子
Aは大津皇子が恋人《こいびと》の石川郎女に贈《おく》った歌で、Bは石川郎女がそれにこたえた歌。「妹」は、男性が妻や恋人などの親しい女性を呼ぶときに使う。「君」は、「あなた」と同じ。

3 長歌
五音と七音を繰《く》り返し、最後に七・七で終わる歌。「万葉集」に多い。

漢字を読もう！ ①滴 ②託す ③穏やか
←答えは左ページ

D　反歌
銀《しろかね》も金《くがね》も玉も何せむに優《まさ》れる宝《たから》子にしかめやも

E　信濃道《しなのぢ》は今の墾《は》り道刈《か》りばねに③**足踏《ふ》ましなむ**沓《くつ》はけ我《わ》が背《せ》
［　　］

F　韓衣裾《からころむすそ》に取りつき泣く子らを置きてそ来《き》ぬや母《おも》なしにして
［　　］

◈古今和歌集◈

G　山里は冬ぞさびしさまさりける人目も草も④**かれぬ**とおもへば
源宗于《みなもとのむねゆき》

◈新古今和歌集◈

H　道のべに清水《しみづ》ながるる柳《やなぎ》かげ⑤**しばしとてこそ立ちとまりつれ**
西行法師《さいぎょうほうし》

〔「万葉《まんよう》・古今《こきん》・新古今《しんこきん》」による〕

4　よく出る　E・Fの歌は、それぞれ何とよばれる歌ですか。選びなさい。
ア　反歌　**イ**　東歌《あずまうた》　**ウ**　防人歌《さきもりのうた》
E（　　）　F（　　）

5　――線③の意味を選びなさい。
ア　踏んでしまうことがないように。
イ　お踏みになってしまうでしょう。
ウ　歩かれていることでしょう。（　　）

6　A・D・Eの歌には、どのような心情が詠《よ》まれていますか。選びなさい。
ア　夫の旅の無事を願う心情。
イ　子供をいとしく思う心情。
ウ　恋《こい》しい人に会いたいと思う心情。
A（　　）D（　　）E（　　）

7　よく出る　――線④の言葉には、二つの意味が込《こ》められています。このような言葉を何といいますか。
［　　］

8　――線⑤とありますが、結局どうしたのですか。
心地《ここち》よさに
（　　　　　　）。

4　E イ　F ウ
アの「反歌」は、**長歌の意味を要約したり補足したりする歌**。イの「東歌」は、**東国地方で歌われた民謡《みんよう》的な歌**。ウの「防人歌」は、**北九州の警備のために徴集《ちょうしゅう》された兵士による歌**。

5　イ
切り株を**お踏みになってしまうでしょう**、と夫の身を心配する歌。「我が背」は、「私《わたし》の夫」という意味。

6　A ウ　D イ　E ア
Aは、**恋人に会いたくて待ち続けたという心情**を、Dは、**子供を金・銀・宝石に勝《まさ》ると思う親の心情**を、Eは、**遠く信濃に出かける夫を思う妻の心情**を詠んだ歌。

7　掛詞
人目が「**離《か》れぬ**」（人の訪《おとず》れがなくなる）と、草が「**枯《か》れぬ**」（枯れてしまう）の**二つの意味を重ねている**。

8　例　つい長居をしてしまった
「清水」の流れる「柳かげ」の涼《すず》しさに、**ほんの少し休もうと思って立ち止まったのだが**、という意味の歌。

漢字で書こう！　①しずく　②たく（す）　③おだ（やか）
答えは右ページ➡

テストに出る！

予想問題

1 次の文章を読んで、問題に答えなさい。

解答 p.6　30分　100点

> ⓐやまと歌は、人の心を種として、ⓑよろづの言《こと》の葉とぞなれりける。世の中にある人、ことわざ繁《しげ》きものなれば、心に思ふことを、見るもの、聞くものにつけて、言ひ出《い》だせるなり。花に鳴く鶯《うぐひす》、水にすむ蛙《かはづ》の声を聞けば、生きとし生けるもの、いづれか歌を詠《よ》まざりける。
>
> 〔「万葉《まんよう》・古今《こきん》・新古今《しんこきん》」による〕

1 ～～線ⓐ「やまと歌」・ⓑ「よろづの」の意味を、それぞれ次から一つずつ選び、記号で答えなさい。　5点×2〔10点〕

ⓐ｛ア 自然の歌　イ 漢詩　ウ 和歌｝

ⓑ｛ア 多くの　イ 古くの　ウ 同様の｝

ⓐ□　ⓑ□

2 この文章では、次のものは何にたとえられていますか。文章中からそれぞれ一字で抜《ぬ》き出しなさい。　5点×2〔10点〕

Ⅰ やまと歌…□　Ⅱ 人の心…□

3 よく出る　――線「いづれか歌を詠まざりける」の意味を次から一つ選び、記号で答えなさい。〔5点〕

ア どれが歌を詠むのだろうか。

イ どれが歌を詠まないということがあろうか。

ウ 全て歌を詠まないのである。

エ どちらかが歌を詠んだのである。

□

---

1 ――線①「今は漕ぎ出でな」は「さあ漕ぎ出そう」という意味ですが、なぜ漕ぎ出そうとしているのですか。□に当てはまる言葉を、それぞれ和歌の中から抜《ぬ》き出しなさい。　3点×2〔6点〕

□が出て、□も満ち、船出に好都合になったから。

2 Bの歌にはいつの情景が詠《よ》まれていますか。次から一つ選び、記号で答えなさい。〔5点〕

ア 真夜中　イ 明け方　ウ 昼間　エ 夕方

□

3 ――線②「今日降る雪のいやしけ吉事」の意味を次から一つ選び、記号で答えなさい。〔5点〕

ア 今日の雪で清められて、世の中がもっと平和になってほしい。

イ 今日の雪のように、めでたいことがますます重なってほしい。

ウ 今日の雪はどんどん積もって、いかにもすばらしい。

エ 今日の雪に心をいやされるのは、とてもよいことだ。

□

4 Fの歌から、Ⅰ…枕詞《まくらことば》と、Ⅱ…その枕詞が導き出す語を抜き出しなさい。　3点×2〔6点〕

Ⅰ□　Ⅱ□

5 やや難　――線③「頼みそめてき」を現代語に直しなさい。〔8点〕

□

6 よく出る　――線④「むすぶ手の滴ににごる山の井の」に用いられている表現技法の説明になるように、□に当てはまる言葉を書きなさい。　3点×2〔6点〕

漢字を読もう！　①和らげる　②鬼　③摘む

←答えは左ページ

2 次の和歌を読んで、問題に答えなさい。

A 熟田津《にきたつ》に船乗《ふなの》りせむと月待てば潮《しほ》もかなひぬ①今は漕《こ》ぎ出でな　額田王《ぬかたのおおきみ》

B 東《ひむがし》の野にかぎろひの立つ見えてかへり見すれば月かたぶきぬ　柿本人麻呂《かきのもとのひとまろ》

C 春の野にすみれ摘《つ》みにと来《こ》し我《われ》そ野をなつかしみ一夜《ひとよ》寝《ね》にける　山部赤人《やまべのあかひと》

D 韓衣裾《からころむすそ》に取りつき泣く子らを置きてそ来《き》ぬや母《おも》なしにして　防人歌《さきもりのうた》

E 新《あら》しき年の初めの初春《はつはる》の②今日《けふ》降る雪のいやしけ吉事《よごと》　大伴家持《おおとものやかもち》

F ちはやぶる神世《かみよ》も聞かずたつた河《がは》から紅《くれなゐ》に水くくるとは　在原業平《ありわらのなりひら》

G うたたねに恋《こひ》しき人を見てしより夢てふ物は③頼《たの》みそめてき　小野小町《おののこまち》

H ④むすぶ手の滴《しづく》ににごる山の井《ゐ》のあかでも人にわかれぬる哉《かな》　紀貫之《きのつらゆき》

I 春の夜の夢のうき橋とだえして峰《みね》にわかるる横雲《よこぐも》の空　藤原定家《ふじわらのていか》

J ⑤さびしさはその色としもなかりけり真木《まき》たつ山の秋の夕暮《ゆふぐれ》　寂蓮法師《じゃくれんほうし》

K ⑥玉の緒《を》よ絶えなば絶えねながらへば忍《しの》ぶることの弱りもぞする　式子内親王《しょくしないしんのう》

［「万葉・古今・新古今」による］

「ⓐ□」を導き出すⓑ□である。

7 Jの歌は何句切れの歌ですか。漢数字で書きなさい。〔5点〕

□句切れ

8 ——線⑤「さびしさはその色としもなかりけり」から、どのような思いが分かりますか。次から一つ選び、記号で答えなさい。〔5点〕

ア 寂《さび》しさは、夕暮れにならないと感じられないものなのだ。
イ 寂しさは、美しい紅葉こそが感じさせてくれるものだ。
ウ 寂しさは、緑の木々が立つ山からは感じないものなのだ。
エ 寂しさは、特定の色とは関係なく感じるものなのだ。

□

9 ——線⑥「玉の緒」は、何を表していますか。漢字一字で書きなさい。〔5点〕

□

10 次の内容に当てはまる歌をA～Kから一つずつ選び、記号で答えなさい。3点×8〔24点〕

① はかない夢からの寝覚《ねざ》めと幻想《げんそう》的な情景を詠み込《こ》んでいる。
② はかないものにさえもすがってしまう恋心を歌っている。
③ 昇《のぼ》る太陽と沈《しず》む月という雄大《ゆうだい》な景色を詠んでいる。
④ 心の内に秘《ひ》めておけないほどの激しい恋心を歌っている。
⑤ 子供の行《ゆ》く末を思い、悲しみにくれる親心を歌っている。
⑥ 春の美しい自然に心をひかれ愛着を持つ気持ちを歌っている。
⑦ 鮮《あざ》やかな自然の色彩《しきさい》を、染め物にたとえて表現している。
⑧ いよいよ出発するというときの奮《ふる》い立つ気持ちを歌っている。

①	②	③	④	⑤	⑥	⑦	⑧

漢字で書こう！　①やわ(らげる)　②おに　③つ(む)
答えは右ページ➡

おくのほそ道《みち》

教科書 p.135〜p.143

主題

◆旅に憧《あこが》れ、人生を旅と考えた芭蕉《ばしょう》は、江戸《えど》の庵《あん》を人に譲《ゆず》って旅に出る。平泉《ひらいずみ》では藤原《ふじわら》三代や源義経《みなもとのよしつね》をしのび、中尊寺《ちゅうそんじ》の美しさに心を打たれ、各地で名句を残した。

⇩5分間攻略ブック p.7／p.17

テストに出る！ ココが要点

俳句の知識

- 草の戸も住み替《か》はる代《よ》ぞ雛《ひな》の家　季語…**雛**　季節…**春**　切れ字…**ぞ**
- 夏草や兵《つはもの》どもが夢の跡《あと》　季語…**夏草**　季節…**夏**　切れ字…**や**
- 卯《う》の花に兼房《かねふさ》見ゆる白毛《しらが》かな　季語…**卯の花**　季節…**夏**　切れ字…**かな**
- 五月雨《さみだれ》の降り残してや光堂《ひかりだう》　季語…**五月雨**　季節…**夏**　切れ字…**や**

作品

- 成立…**江戸《えど》時代**
- 作者…**松尾芭蕉《まつおばしょう》**（江戸時代の俳人）
- 特徴《とくちょう》…文章の種類は**紀行文**。**名句**をちりばめ、格調高い文章で構成されている。
- 内容…門人の**曽良《そら》**と北関東・東北・北陸地方を旅した経験を記したもの。

例題　旅立ち／光堂《ひかりどう》

◆旅立ち◆

月日は百代《はくたい》の過客《くわかく》にして、行《ゆ》き交《か》ふ年もまた旅人なり。舟《ふね》の上に生涯《しやうがい》を浮《う》かべ、馬の口とらへて老いを迎《むか》ふる者は、日々旅にして、旅を栖《すみか》とす。①**古人**も、多く旅に死せるあり。

予《よ》も、いづれの年よりか、片雲《へんうん》の風に誘《さそ》はれて、漂泊《へうはく》の思ひやまず、海浜《かいひん》にさすらへて、去年《こぞ》の秋、江上《かうしやう》の破屋《はをく》に蜘蛛《くも》の古巣を払《はら》ひて、やや年も暮れ、春立てる霞《かすみ》の空に、白河《しらかは》の関越《こ》えんと、②**そぞろ神《がみ》のものにつきて心を狂《くる》はせ、道祖神《だうそじん》の招きにあひて取るもの手につかず**、股引《ももひき》の破れをつづり、笠《かさ》の緒《を》付け替《か》へて、三

1 よく出る　芭蕉《ばしょう》は、人生を何のようだと捉《とら》えていますか。

□

2 よく出る　――線①は、どのような人を指していますか。選びなさい。

ア　以前に芭蕉の家に住んでいた人たち。

イ　亡《な》くなってしまった知人たち。

ウ　旅に生きた詩歌《しいか》の道の先人たち。

（　　）

答えと解説

1　旅

初めの一文は、「**月日は旅人である**」という内容。人生は旅のようなものだと芭蕉は考えている。

2　ウ

「古人」は「**昔の人**」という意味。ここでは、**日本の西行法師《さいぎょうほうし》や宗祇《そうぎ》、中国の李白《りはく》や杜甫《とほ》**などを指しており、そのような**詩歌の道の先人**に芭蕉は**憧《あこが》れと敬意**を抱《いだ》いていた。

漢字を読もう！　①過客　②著す　③隔てる

←答えは左ページ

里に灸据《きゆうす》ゆるより、松島《まつしま》の月まづ心にかかりて、住める方《かた》は人に譲《ゆづ》り、杉風《さんぷう》が別墅《べつしよ》に移るに、

③**草の戸**も住み替はる代《よ》ぞ雛《ひな》の家

表八句《おもてはちく》を庵《あん》の柱に掛《か》けおく。

◈光堂◈

かねて④**耳驚《おどろ》かしたる**二堂開帳す。経堂《きやうだう》は三将の像を残し、光堂《ひかりだう》は三代の棺《ひつぎ》を納め、三尊《さんぞん》の仏を安置《あんぢ》す。七《しつ》宝《ぽう》散りうせて、珠《たま》の扉《とびら》風に破れ、金《こがね》の柱霜雪《さうせつ》に朽《く》ちて、既《すで》に頽廃空虚《たいはいくうきよ》の叢《くさむら》となるべきを、四面新たに囲みて、甍《いらか》を覆《おほ》ひて風雨をしのぎ、しばらく千歳《せんざい》の記念《かたみ》とはなれり。

⑤**五月雨《さみだれ》の降り残してや光堂**

［「おくのほそ道《みち》」による］

3 ――線②は、芭蕉のどのような気持ちを表していますか。

（　　　　）思いが抑《おさ》えきれず、（　　　　）気持ち。

4 ――線③と同じものを指す言葉を、この句より前の部分から二つ抜き出しなさい。

（　　　　）（　　　　）

5 ――線④の意味を選びなさい。

ア すばらしいと話に聞いていた
イ 皆《みな》が驚いたと聞いた
ウ 耳に音を響《ひび》かせた

（　　）

6 ――線⑤の句で、芭蕉はどのようなことを表したかったのですか。選びなさい。

ア 光堂はすっかり荒《あ》れてしまったこと。
イ 光堂は姿を変えてりっぱになったこと。
ウ 光堂は昔のままで今も美しいこと。

（　　）

3 例 旅に出たい・落ち着かない

「そぞろ神」は、人の心を（旅に）誘う神のこと。そのような神に心を乱され、道祖神からも旅に招かれているようで、**何も手につかないほど落ち着かない様子**を表している。

4 江上の破屋・住める方

「草の戸」は、**草ぶきの粗末《そまつ》な家を表し、芭蕉が住んでいた家のことである**。「このような草庵にもあるじが住み替わる時節がやってきた。雛人形も飾《かざ》られて華《はな》やかになるだろう。」という意味の句である。

5 ア

「耳驚かす」とは「聞いて驚く」こと。**すばらしさを話に聞いて**、驚いていたのだ。

6 ウ

五月雨も光堂だけには降らずに残しておいたのかと思うほど、**昔のままで美しい**という内容である。

漢字で書こう！ ①かかく ②あらわ(す) ③へだ(てる)
答えは右ページ➡

テストに出る！
予想問題

解答 p.7　30分　100点

1 次の文章を読んで、問題に答えなさい。

月日は①百代《はくたい》の過客《くわかく》にして、行《ゆ》き交《か》ふ年もまた旅人なり。舟《ふね》の上に生涯《しやうがい》を浮《う》かべ、馬の口とらへて老いを迎《むか》ふる者は、日々旅にして、旅を栖《すみか》とす。古人も、多く旅に死せるあり。

予《よ》も、いづれの年よりか、片雲《へんうん》の風に誘《さそ》はれて、漂泊《へうはく》の思ひやまず、海浜《かいひん》にさすらへて、去年《こぞ》の秋、江上《かうしやう》の破屋《はをく》に蜘蛛《くも》の古巣を払《はら》ひて、やや年も暮れ、春立てる霞《かすみ》の空に、白河《しらかは》の関越《こ》えんと、そぞろ神《がみ》のものにつきて心を狂《くる》はせ、道祖神《だうそじん》の招きにあひて取るもの手につかず、②股引《ももひき》の破れをつづり、笠《かさ》の緒《を》付け替《か》へて、三里に灸据《きうす》ゆるより、松島《まつしま》の月まづ心にかかりて、住める方《かた》は人に譲《ゆづ》り、杉風《さんぷう》が別墅《べつしよ》に移るに、

③草の戸も住み替はる代《よ》ぞ雛《ひな》の家

表八句《おもてはちく》を庵《あん》の柱に掛《か》けおく。

〔「おくのほそ道《みち》」による〕

1 ——線①「百代の過客」とありますが、Ⅰ…「百代」、Ⅱ…「過客」の意味を次から一つずつ選び、記号で答えなさい。　4点×2〔8点〕

ア 百年　イ 時間　ウ 旅人
エ 宿屋　オ 永遠

Ⅰ	Ⅱ

2 次の文章を読んで、問題に答えなさい。

①三代の栄耀《えいえう》一睡《いつすい》のうちにして、大門《だいもん》の跡《あと》は一里こなたにあり。秀衡《ひでひら》が跡は田野《でんや》になりて、金鶏山《きんけいざん》のみ形を残す。まづ高館《たかだち》に登れば、北上川《きたかみがは》、南部《なんぶ》より流るる大河なり。衣川《ころもがは》は和泉《いづみ》が城《じやう》を巡《めぐ》りて、高館の下《もと》にて大河に落ち入る。泰衡《やすひら》らが旧跡《きうせき》は、衣《ころも》が関《せき》を隔《へだ》てて南部口を差し固め、夷《えぞ》を防ぐと見えたり。さても、義臣《ぎしん》すぐつてこの城に籠《こ》もり、功名《こうみやう》一時《いちじ》の叢《くさむら》となる。②「国破れて山河あり、城春にして草青みたり。」と、笠《かさ》打ち敷《し》きて、③時の移るまで涙《なみだ》を落としはべりぬ。

④夏草や兵《つはもの》どもが夢の跡

⑤卯《う》の花に兼房《かねふさ》見ゆる白毛《しらが》かな　曽良《そら》

〔「おくのほそ道《みち》」による〕

1 よく出る ——線①「三代の栄耀一睡のうちにして」とありますが、これは何がどのようになったことを表していますか。次から一つ選び、記号で答えなさい。〔10点〕

ア 三代にわたって、夢のような栄華《えいが》の世界が繰《く》り広げられたこと。
イ 三代にわたる努力が実って、やっと栄華の時代が訪《おとず》れたこと。
ウ 三代にわたる栄華が、たちまちのうちに滅《ほろ》びて消え去ったこと。
エ 三代にわたる栄華が、たちまちのうちに築き上げられたこと。

漢字を読もう！　①扉　②経堂　③朽ちる
←答えは左ページ

2 やや難 ——線②「股引の……灸据ゆる」とありますが、何のためにこのようなことをしていたのですか。考えて書きなさい。〔10点〕

3 ——線③の句について答えなさい。

(1) 季語と季節を書きなさい。4点×2〔8点〕

季語
季節

(2) この句に詠《よ》まれた芭蕉《ばしょう》の心情を次から二つ選び、記号で答えなさい。5点×2〔10点〕

ア 旅を終えた後、自分の帰る家がなくなったことへの未練。
イ 家を他人に譲り、旅の中で一生を終えようという決意。
ウ 家を捨て、これから長い旅に出ることに対する不安。
エ 持ち主が変わり、華《はな》やかな春を迎《むか》えるだろう草庵への期待。
オ 人の世の変わりやすさと時が移りゆくことへの感慨《かんがい》。

4 よく出る この文章から読み取れる芭蕉の気持ちを次から一つ選び、記号で答えなさい。〔10点〕

ア 旅に憧《あこが》れつつも、家族のある暮らしにもひかれる気持ち。
イ 人生は旅であると感じつつも、浮《う》き世への未練を残す気持ち。
ウ 人生の無常を感じ、古人にならい世を捨てようという気持ち。
エ 旅に殉《じゅん》じた古人に憧れ、漂泊の旅に思いをはせる気持ち。

---

2 ——線②「国破れて……草青みたり」は漢詩をもとにした言葉ですが、その漢詩の作者を次から一つ選び、記号で答えなさい。〔8点〕

ア 李白《りはく》　イ 杜甫《とほ》
ウ 王維《おうい》　エ 孔子《こうし》

3 よく出る ——線③「時の移るまで涙を落としはべりぬ」とありますが、芭蕉が涙を流したのは、なぜですか。次から一つ選び、記号で答えなさい。〔10点〕

ア 城がなくなった跡に残された、自然の美しさに感動したから。
イ 愚《おろ》かな戦いを繰り返す人間というものに、怒《いか》りを覚えたから。
ウ 変わらない自然と比べて、人の営みのはかなさが身にしみたから。
エ 功名心のために命を落とした人々がかわいそうだったから。

4 ——線④の句の「兵どもが夢の跡」と同じ内容を表している一文を文章中から抜《ぬ》き出し、初めの五字を書きなさい。〔8点〕

5 ——線⑤の句について答えなさい。

(1) 季語と季節を書きなさい。4点×2〔8点〕

季語
季節

(2) 曽良は、「卯の花」から何を連想したのですか。俳句の中の言葉を使って、五字で書きなさい。〔10点〕

漢字で書こう！　①とびら　②きょうどう　③く(ちる)
答えは右ページ➡

教科書 p.144〜p.147／p.152

論語《ろんご》
漢字道場5　他教科で学ぶ漢字(2)

テストに出る！

ココが要点

作品

●論語《ろんご》…古代中国の思想家孔子《こうし》と、その弟子《でし》たちの言行の記録。

漢文の読み方

●返り点…漢字の左下に付ける、読む順番を表す記号。

・レ点……すぐ上の一字に返って読む。　順序 1 3レ 2

・一・二点…二字以上下から返って読む。　順序 3二 1 2一

・一レ点……下から一字返り、更《さら》に二字以上隔《へだ》てて上に返って読む。　順序 4二 1 3レ 2

・上・下点…一・二点を挟《はさ》み、更に返って読む。　順序 6下 1 4二 2 3一 5上

例題　論語《ろんご》

子曰《しい》はく、「過《あやま》ちて改めざる、**是《これ》を過ちと謂《い》ふ。**」と。(①子曰 ②是を過ちと謂ふ)

子 曰《ハク》、「過《チテ》 而 不《ざル》レ 改《メ》、是《ヲ》 謂《フト》レ 過《チト》 矣。」

子曰はく、「□則《すなは》ち罔《くら》し。**思ひて学ばざれば則ち殆《あや》ふし。**」と。(③)

子 曰《ハク》、「**学《ビテ》 而 不《ざレバ》レ 思《ハ》**(④) 則《チ》 罔《シ》。思《ヒテ》 而 不《ざレバ》レ 学《バ》 則《チ》 殆《フシト》。」

〔「論語」による〕

テストに出る！

予想問題

論語

解答 p.7　20分　100点

1 次の文章を読んで、問題に答えなさい。

子曰《しい》はく、「①君子《くんし》は②和《わ》して同《どう》ぜず。小人《せうじん》は同じて和せず。」と。

子 曰《ハク》、「君 子《ハ》 和《シテ》 而 不《ず》レ 同《ゼ》。小 人《ハ》 同《ジテ》 而 不《ずト》レ 和《セ》。」

子曰はく、「③之《これ》を知る者は、④之を好む者に如《し》かず。之を好む者は、⑤之を楽しむ者に如かず。」と。

子 曰《ハク》、「知《ル》レ 之《ヲ》 者《ハ》、不《ず》レ 如《カ》二 好《ム》レ 之《ヲ》 者《ニ》一。好《ム》レ 之《ヲ》 者《ハ》、不《ずト》レ 如《カ》二 楽《シム》レ 之《ヲ》 者《ニ》一。」

子貢《しこう》問ひて曰はく、「□。」と。子曰はく、「其《そ》れ⑥恕《じよ》か。己《おのれ》の欲《ほつ》せざる所は、人に施《ほどこ》すこと勿《な》かれ。」と。

子 貢 問《ヒテ》 曰《ハク》、「⑦有《リ》下 一 言 而 可《ベキ》二 以《もツテ》 終 身 行《フ》レ 之《ヲ》 者上 乎《やト》。」子 曰《ハク》、「其《レ》 恕 乎《か》。己《ノ》 所《ハ》レ 不《ざル》レ 欲《セ》、⑧勿 施 於 人。」

〔「論語《ろんご》」による〕

1 よく出る ——線①と比較《ひかく》されているものを、文章中から二字で抜き出しなさい。〔10点〕

2 ——線②「和して同ぜず」の意味を次から一つ選び、記号で答えなさい。〔15点〕

確認《かくにん》

◆孔子《こうし》は、人格や道徳を高めることで世が治まることを理想とし、その理想が儒教《じゆきよう》として広まった。「論語」には、孔子の理想に基《もと》づいた言行が記録されている。

⇨5分間攻略ブック p.7／p.18

漢字を読もう！　①儒教　②規範　③孔子
←答えは左ページ

1 よく出る ――線①は、ここでは誰《だれ》のことですか。

（　　　）

2 次の言葉の意味を書きなさい。

曰はく

（　　　）

3 ――線②で、「過ち」とされていることを選びなさい。

ア 過ちをしたことに気づかないこと。

イ 他人の過ちを改めさせないこと。

ウ 過ちをしたと気づいても改めないこと。

（　　　）

4 ――線③は、どのような意味ですか。

考えて書きなさい

考えるだけで学ばなければ、独断に陥《おちい》って（　　　）だ。

5 ――線④を書き下し文に直しなさい。

（　　　）

答えと解説

1 孔子

「子」は、「先生」のこと。**「論語」では孔子《こうし》を指す。**

2 例 言われた（言った）

「曰はく」のように、**漢文には特有の言い回し**があるので確認《かくにん》しておこう。

3 ウ

「過ちて改めざる」（過ちをしたことに気づいても改めない）の部分が過ちに当たる。

4 例 危険

「殆ふし」は、「危険だ」という意味。**先人の意見や知識に学ぶことも、自分でよく考えることも両方大切**だと孔子は言っている。

5 学びて思はざれば

「不」は平仮名《ひらがな》にする。**「而」は置き字**なので、訓読するときには読まない。

ア 人の意見に合わせるが行動までは共にしない。

イ 人の意見に合わせるが心では同調していない。

ウ 人と調和するがいっしょに行動はしない。

エ 人と調和するが何にでも同調はしない。

□

3 よく出る ――線③「之を知る者」、――線④「之を好む者」、――線⑤「之を楽しむ者」のうちで、「子」が最もよいと考えている者はどれですか。番号で答えなさい。〔10点〕

□

4 ――線⑥「恕」の意味を次から一つ選び、記号で答えなさい。〔10点〕

ア 人を哀《あわ》れむ心。　**イ** 人を思いやる心。

ウ 人を羨《うらや》む心。　**エ** 人を蔑《さげす》む心。

□

5 やや難 ――線⑦「有《リ》下一言《ニシテ》而可《キ》二以《テ》終身行《フ》レ之《ヲ》者上乎」を、文章中の□に当てはまるように、書き下し文に直しなさい。〔15点〕

□

6 ――線⑧「勿施於人」について答えなさい。

(1) 書き下し文を参考にして、返り点と送り仮名《がな》を付けなさい。完答〔15点〕

勿　施　於　人

(2) 意味を書きなさい。〔15点〕

□

漢字道場5 他教科で学ぶ漢字(2)

2 次の――線を漢字に直して書きなさい。 5点×2〔10点〕

① そしょうを起こす。

② 生命りんりを問う。

① □　② □

漢字で書こう！ ①じゅきょう　②きはん　③こうし
答えは右ページ➡

教科書 p.154～p.170／p.171

故郷
漢字道場6 紛《まぎ》らわしい漢字

主題

◆「私《わたし》」は、二十年ぶりの帰郷で、故郷のわびしさや幼なじみのルントーとの間を隔《へだ》てる壁《かべ》を目の当《ま》たりにする。「私」は、次の世代が新しい生活を持つことに希望を託《たく》す。

5分間攻略ブック p.8

テストに出る！ **ココが要点**

「私《わたし》」の帰郷（教 p.154～p.155）▶例題
- 「私」は二十年ぶりに帰郷する。
→活気のないわびしい村々。→**寂寥《せきりょう》の感**が胸に込《こ》み上げる。
- 寂寥を感じるのは、自分の心境の変化のせい。
→帰郷の理由…長年住んだ家を明け渡《わた》し、**故郷に別れを告げる**ため。

故郷を離《はな》れる「私」の思い（教 p.166～p.168）▶予想問題
- ホンルとシュイション→「私」とルントーのように**隔絶《かくぜつ》**しないか。
- 「私」の希望…若い世代は**新しい生活**を持つべきである。
- 歩く人が多くなれば、それが**道**になる。
＝同じ希望を目指して行動する人が多ければ、**希望は実現する**。

例題 「私《わたし》」の帰郷

厳しい寒さの中を、二千里の果てから、①**別れて二十年にもなる故郷へ、私《わたし》は帰った**。

もう真冬の候であった。そのうえ故郷へ近づくにつれて、空模様は怪《あや》しくなり、冷たい風がヒューヒュー音を立てて、船の中まで吹《ふ》き込《こ》んできた。苫《とま》の隙間《すきま》から外をうかがうと、鉛《なまり》色の空の下、わびしい村々が、いささかの活気もなく、あちこちに横たわっていた。覚えず寂寥《せきりょう》の感が胸に込み上げた。

ああ、これが二十年来、片時も忘れることのなかった故郷であろうか。

私の覚えている故郷は、まるで②**こんなふう**ではなかった。私の故郷は、もっとずっとよかった。その美しさを思い浮《う》かべ、その長所を言葉に表そうとすると、

1 よく出る ――線①のとき、「私」が感じた思いを表す言葉を、四字で抜《ぬ》き出しなさい。

□□□□

2 ――線②は、故郷のどのような様子を指していますか。それが分かる部分を一文で抜き出し、初めの五字を書きなさい。

□□□□□

3 ――線③とありますが、故郷が二十年前と変わったと感じるのは何のせいだと言い聞かせていますか。

答えと解説

1 寂寥の感

「寂寥の感」とは、もの寂《さび》しい思いを表す。久しぶりに帰って目にした**故郷のわびしい様子に、もの寂しさを感じた**のである。

2 苫の隙間か

故郷の姿は、**「私」が覚えていたものと違《ちが》っていた**のである。「苫の隙間」から最初に目にした**活気のない、さびれた故郷の風景**を指す。

3 自分の心境

「私」は、故郷はもともとわびしい場所であり、寂寥を感じるのは**帰**

漢字を読もう！ ①吟味　②距離　③贈り物
←答えは左ページ

しかし、その影《かげ》はかき消され、言葉は失われてしまう。やはりこんなふうだったかもしれないという気がしてくる。そこで私は、こう自分に言い聞かせた。③**もともと故郷はこんなふうなのだ**――進歩もないかわりに、私が感じるような寂寥もありはしない。そう感じるのは、自分の心境が変わっただけだ。なぜなら、④**今度の帰郷は決して楽しいものではない**のだから。

今度は、故郷に別れを告げに来たのである。私たちが長いこと一族で住んでいた古い家は、今はもう他人の持ち物になってしまった。明け渡《わた》しの期限は今年いっぱいである。どうしても旧暦《きゅうれき》の正月の前に、住み慣れた古い家に別れ、なじみ深い故郷を後にして、私が今暮らしを立てている異郷の地へ引っ越《こ》さねばならない。

明くる日の朝早く、私は我《わ》が家の表門に立った。⑤**屋根には一面に枯《か》れ草のやれ茎《ぐき》が、折からの風になびいて、この古い家が持ち主を変えるほかなかった理由を説き明かし顔である**。いっしょに住んでいた親戚《しんせき》たちは、もう引っ越してしまった後らしく、ひっそりかんとしている。自宅の庭先まで来てみると、母はもう迎《むか》えに出ていた。後から八歳《さい》になる甥《おい》のホンル（宏児）も飛び出した。

母は機嫌《きげん》よかったが、さすがに⑥**やるせない表情**は隠《かく》しきれなかった。

［魯迅《ろじん》《ルーション》／竹内《たけうち》好《よしみ》訳「故郷」による］

（　　　　　）が変わったせい。

4 よく出る ――線④とありますが、「私」は何のために帰郷したのですか。当てはまる言葉を抜き出しなさい。

長い間一族で住んでいた古い家を他人に（　　　）て、故郷に（　　　）を告げるため。

5 ――線⑤から、この一家のどのような様子が分かりますか。

ア　にぎやかな様子。
イ　風格のある様子。
ウ　落ちぶれた様子。
（　　）

6 ――線⑥には、母のどのような気持ちが表れていますか。選びなさい。

ア　二十年も顔を見せなかった「私」を責める気持ち。
イ　ついに住み慣れた家を離《はな》れるときがきてつらい気持ち。
ウ　年を取ってから引っ越すことをおっくうに思う気持ち。
（　　）

郷を楽しいと思えない自分の心境のせいだと言い聞かせている。

4 明け渡し・別れ

直後の段落に、「私」の帰郷が**故郷に別れを告げる**ためのものであり、**一族で住んでいた古い家を明け渡して異郷へと引っ越さねばならない**という事情が書かれている。

5 ウ

屋根一面の「枯れ草のやれ茎」は、**落ちぶれて家の手入れも行き届かなくなった様子**を表している。それが家を売ることになった理由を語っているかのようだというのである。

6 イ

「やるせない」は、**つらさや悲しみなどを晴らしようがない、切ない気持ち**を表す。母は、息子《むすこ》の帰郷に機嫌よくしているが、それは同時に住み慣れた家を離れるときがきたことを意味しており、つらい気持ちを隠《かく》しきれないのである。

漢字で書こう！　①ぎんみ　②きょり　③おく（り）もの
答えは右ページ➡

テストに出る！

予想問題

1 次の文章を読んで、問題に答えなさい。

解答 p.8　30分　100点

「おじさん、僕《ぼく》たち、いつ帰ってくるの？」

「帰ってくる？　どうしてまた、行きもしないうちに、帰るなんて考えたんだい？」

「だって、シュイションが僕に、家へ遊びに来いって。」

大きな黒い目を見張って、彼《かれ》はじっと考え込《こ》んでいた。

①私《わたし》も、私の母も、はっと胸を突かれた。そして話がまたルントーのことに戻《もど》った。母はこう語った。例の豆腐屋小町《とうふやこまち》のヤンおばさんは、私の家でかたづけが始まってから、毎日必ずやってきたが、おととい、灰の山から碗《わん》や皿を十個余り掘《ほ》り出した。あれこれ議論の末、それはルントーが埋《う》めておいたにちがいない、灰を運ぶとき、いっしょに持ち帰れるから、という結論になった。ヤンおばさんは、この発見を手柄《てがら》顔に、「犬じらし」（これは私たちのところで鶏《にわとり》を飼うのに使う。木の板に柵《さく》を取り付けた道具で、中に食べ物を入れておくと、鶏は首を伸《の》ばしてついばむことができるが、犬にはできないので、見てじれるだけである。）をつかんで飛ぶように走り去った。纏足《てんそく》用の底の高い靴《くつ》で、よくもと思うほど速かったそうだ。

②古い家はますます遠くなり、故郷の山や水もますます遠くなる。だが名残惜《なごりお》しい気はしない。自分の周りに目に見えぬ高い壁《かべ》があって、その中に自分だけ取り残されたように、気がめいるだけである。すいか畑の銀の首輪の小英雄《えいゆう》の面影《おもかげ》は、元は鮮明《せんめい》このうえなかったのが、今では急にぼんやりしてしまった。これもたまらなく悲しい。

1 ——線①「私も、私の母も、はっと胸を突かれた。」とありますが、それはなぜですか。□に当てはまる言葉を、文章中から抜《ぬ》き出しなさい。　6点×2〔12点〕

ホンルとシュイションの関係に、かつて ⓐ□ を通い合わせていた「私」とルントーの姿を見て、いずれ彼らも互いに ⓑ□ してしまうのではないかと思ったから。

2 ——線②「古い家はますます遠くなり」から始まる段落に表れている「私」の心情を次から一つ選び、記号で答えなさい。〔15点〕

ア　故郷の人々にまたいつか再会できることを心から望んでいる。

イ　貧しい故郷を見捨てるように去る自分を、卑怯《ひきょう》だと感じている。

ウ　故郷とそこに暮らす人々に対して失望し、孤独《こどく》を感じている。

エ　故郷への未練は捨て、新しい生活への希望に満ちている。

□

3 よく出る ——線③「彼らは新しい生活を持たなくてはならない」とありますが、今までのどのような生活を否定して、このように考えているのですか。文章中から三つ抜き出しなさい。　6点×3〔18点〕

漢字を読もう！　①弊害　②蔑む　③境遇
←答えは左ページ

母とホンルとは寝入《ねい》った。

私も横になって、船の底に水のぶつかる音を聞きながら、今、自分は、自分の道を歩いていると分かった。思えば私とルントーとの距離《きょり》は全く遠くなったが、若い世代は今でも心が通い合い、現にホンルはシュイションのことを慕《した》っている。せめて彼らだけは、私と違《ちが》って、互《たが》いに隔絶《かくぜつ》することのないように……とはいっても、彼らが一つ心でいたいがために、私のように、無駄《むだ》の積み重ねで魂《たましい》をすり減らす生活を共にすることは願わない。またルントーのように、打ちひしがれて心が麻痺《まひ》する生活を共にすることも願わない。また他の人のように、やけを起こして野放図に走る生活を共にすることも願わない。希望を言えば、③彼らは新しい生活を持たなくてはならない。私たちの経験しなかった新しい生活を。

希望という考えが浮《う》かんだので、私はどきっとした。たしかルントーが香炉《こうろ》と燭台《しょくだい》を所望《しょもう》したとき、私は相変わらずの偶像崇拝《ぐうぞうすうはい》だな、いつになったら忘れるつもりかと、心ひそかに彼のことを笑ったものだが、今、私のいう希望も、やはり④手製の偶像にすぎぬのではないか。ただ彼の望むものはすぐ手に入り、私の望むものは手に入りにくいだけだ。

まどろみかけた私の目に、海辺の広い緑の砂地が浮かんでくる。その上の紺碧《こんぺき》の空には、金色の丸い月が懸《か》かっている。思うに希望とは、もともとあるものとも言えぬし、ないものとも言えない。それは地上の道のようなものである。もともと地上には道はない。⑤歩く人が多くなれば、それが道になるのだ。

〔魯迅《ろじん》《ルーシュン》／竹内《たけうち》好《よしみ》訳「故郷」による〕

4 よく出る ——線④「手製の偶像にすぎぬのではないか」とありますが、どういう意味ですか。次から一つ選び、記号で答えなさい。〔15点〕

ア 「私」の希望も、自分なら実現できると思い込《こ》んでいるものにすぎないのではないか。

イ 「私」の希望も、自分一人で信じて心の慰《なぐさ》めを得ているものにすぎないのではないか。

ウ 「私」の希望も、自分が望んでいるだけで古い価値観から抜け出していないのではないか。

エ 「私」の希望も、自分が考えただけで、真に理想的なものとはいえないのではないか。

5 やや難 ——線⑤「歩く人が多くなれば、それが道になる」とは、どういうことを表していますか。「希望」という言葉を使って書きなさい。〔20点〕

2 次の□に当てはまる漢字を、〔 〕から選んで書きなさい。 4点×5〔20点〕

① □社からのご案内です。〔弊・幣〕

② 弾《だん》□裁判が行われる。〔骸・該・劾〕

③ 前言を□回する。〔撤・徹〕

④ 師匠から一□される。〔褐・喝・謁〕

⑤ 研究が□次進展する。〔暫・漸〕

①	③	⑤
②	④	

漢字で書こう！ 答えは右ページ➡ ①へいがい ②さげす(む) ③きょうぐう

教科書 p.172〜p.177

何のために「働く」のか

要旨《ようし》

◆人が働くことの意味は、互《たが》いのアテンションにある。サービス業で得るものもアテンションの一種であり、人は自分が自分として生きるために働いているのである。

5分間攻略ブック p.10

テストに出る！

ココが要点

働くことの意味（教 p.173〜p.175）▼**予想問題**

●ホームレスの男性がねぎらいの言葉を掛《か》けられた。＝社会の中で**自分の存在が認められた。**←「人が働く」行為《こうい》の底にあるもの。

●働くこと…**社会**（見知らぬ者どうしの集合体）で**承認**《しょうにん》される手段。

●互《たが》いの**アテンション**…社会の中での人間どうしのつながり。

↳「人はなぜ働かなければならないのか」という問いの答え。

テストに出る！

予想問題

解答 p.8

30分　100点

次の文章を読んで、問題に答えなさい。

（あるホームレスの男性が清掃《せいそう》の仕事を得て働いているときに、人から「ご苦労さま。」のような言葉を掛《か》けられて涙《なみだ》を流した。）

これはとても象徴《しょうちょう》的で、「人が働く」という行為《こうい》のいちばん底にあるものが何なのかを教えてくれる気がします。

それは、①「社会の中で、自分の存在を認められる」ということです。同じようにその場にいても、②ホームレスとしてたまたま通りかかっただけだったら、声を掛けられることはなかったはずです。一生懸命《けんめい》働いていたからこそ、ねぎらいの声を掛けられた。人がいちばんつらいのは、「自分は見捨てられている」「誰《だれ》からも顧《かえり》みられていない」という思いではないでしょうか。誰からも顧

1 ――線①「『社会の中で、自分の存在を認められる』ということ」と同じ意味を表している部分を、「……こと。」につながるように、文章中から二十字で抜き出しなさい。〔15点〕

□□□□□□□□□□□□□□□□□□□□こと。

2 やや難 ――線②「ホームレスとして……声を掛けられることはなかったはず」とありますが、それはなぜですか。簡潔に書きなさい。〔15点〕

3 「社会」とは、どういうものだと筆者は考えていますか。文章中から十八字で抜き出し、初めの五字を書きなさい。〔10点〕

□□□□□

4 ――線③「働くことを……『社会人』と称します」とありますが、それはなぜですか。次から一つ選び、記号で答えなさい。〔15点〕

ア 働くということは、誰からも顧みられない可能性もある厳しい社会に出て生きていくことだから。

イ 働くことが、社会の中で高い地位や報酬を得て生きていくためのいちばんの手段であるから。

漢字を読もう！　①消耗　②羨ましい　③福祉
←答えは左ページ

みられなければ、社会の中に存在していないのと同じことになってしまうのです。

社会というのは、基本的には見知らぬ者どうしが集まっている集合体であり、だから、そこで生きるためには、他者から何らかの形で仲間として承認《しょうにん》される必要があります。そのための主たる手段が、働くということなのです。働くことによって「そこにいていい」という承認が与《あた》えられる。

③働くことを「社会に出る」といい、働いている人のことを「社会人」と称《しょう》しますが、それは、そういう意味なのです。

④社会の中での人間どうしのつながりは、深い友情関係や恋人《こいびと》関係、家族関係などとは違《ちが》った面があります。もちろん、社会の中でのつながりも「相互《そうご》承認」の関係には違いないのですが、この場合は、私《わたし》は「アテンション（ねぎらいのまなざしを向けること）」というような表現がいちばん近いのではないかと思います。清掃をしていた彼《かれ》がもらった言葉は、まさにアテンションだったのではないでしょうか。

ですから、私は「人はなぜ働かなければならないのか」という問いの答えは、「他者からのアテンション」そして「他者へのアテンション」だと言いたいと思います。これは、報酬《ほうしゅう》をもらわない専業主婦やボランティアでも同じことです。⑤それを抜《ぬ》きにして、働くことの意味はありえないと思います。その仕事が彼にとってやりがいのあるものなのかとか、彼の夢を実現するものなのかといったことは、次の段階の話です。

〔姜尚中《カンサンジュン》「何のために『働く』のか」による〕

ウ　働くことによって、社会の中で自分がそこに生きて存在しているということを周りが認めてくれるから。

エ　働くには、社会の中で「そこにいていい」という承認を誰かから得なければならないから。

5 よく出る　――線④「社会の中での……違った面があります。」とありますが、筆者は社会の中での人のつながりをどのような言葉で表現していますか。文章中から一語で抜き出しなさい。〔15点〕

6　――線⑤「それ」の指す内容を次から一つ選び、記号で答えなさい。〔15点〕

ア　ねぎらいのまなざしを向けられたり向けたりすること。

イ　他者から常にねぎらいの言葉を掛けてもらえること。

ウ　他者から相応の報酬を受け取ることに執着《しゅうちゃく》しないこと。

エ　仕事にやりがいがあり、夢を実現するものであること。

7 よく出る　筆者の「働くこと」に対する考え方を次から一つ選び、記号で答えなさい。〔15点〕

ア　他者からの「アテンション」を受け、「そこにいていい」と言われなければ、働いてはならない。

イ　やりがいや夢の実現よりも、まず、互《たが》いに「アテンション」を与え合うことに働くことの意味がある。

ウ　互いの「アテンション」を求めるよりも、やりがいや夢の実現を追求しなければ社会人にはなれない。

エ　「アテンション」を受けにくい専業主婦やボランティアの仕事は、働くこととはいえない。

漢字で書こう！　①しょうもう　②うらや(ましい)　③ふくし
答えは右ページ➡

いつものように新聞が届いた
——メディアと東日本大震災《しんさい》

要旨《ようし》

◆東日本大震災の翌朝も新聞は届いた。地方新聞は、被《ひ》災《さい》者一人一人の心に寄り添《そ》い、地元に生きる記者ならではの視点で、今も震災と向き合い、伝え続けている。

5分間攻略ブック p.10

テストに出る！
ココが要点

地元に生きる（教 p.187～p.188）▼予想問題

●地方紙と全国紙の違《ちが》い
・地方紙は、その時に必要としている情報を継続《けいぞく》して発信する。
・被災《ひさい》地で苦しむ人々の気持ちになって言葉の使い方を考える。

●地方紙の記者…その地域に住み、人々と長く付き合っていく。
→ふるさとを思う気持ちを共有している。

テストに出る！
予想問題

解答 p.9

30分　100点

次の文章を読んで、問題に答えなさい。

日本の新聞は、日本中を発行エリアとする全国紙と、県単位や東北などのブロック単位で発行する地方紙に大別される。地域に根差す新聞をうたう①地方紙と全国紙の違《ちが》いはどこにあるのだろう。

ある大学の分析《ぶんせき》によると、東日本大震災《しんさい》において、全国紙の報道は、発生数日後には地震《じしん》や津波《つなみ》から原子力発電所の事故のほうに比重が移った。二週間近くたつと、その他のニュースのほうが震災関連の記事を上回るようになる。一方、仙台《せんだい》市に本社を置く新聞社の報道は、一か月を経過しても津波や地震の記事のほうが原発事故関連より多く、紙面全体では震災関連の記事が大半を占《し》めていた。②全国に展開する新聞と被災《ひさい》地の地元紙では、読者が新

1 ——線①「地方紙と全国紙の違い」とありますが、東日本大震災の記事では、どのような違いがありましたか。全国紙に対して、仙台市に本社を置く地方紙がどうだったかを書きなさい。15点×2〔30点〕

Ⅰ
・全国紙…発生数日後には、地震や津波の記事から原子力発電所の事故関連の記事のほうに比重が移った。
・地方紙…一か月を経過しても

Ⅱ
・全国紙…二週間近くたつと、その他のニュースのほうが震災関連の記事を上回った。
・地方紙…一か月を経過しても

2 よく出る ——線②「全国に展開する……望むものが異なる。」とありますが、地元紙にはどのようなことが望まれていますか。「……こと。」につながるように、文章中から抜《ぬ》き出しなさい。〔15点〕

こと。

3 よく出る ——線③「犠牲『万単位に』」について答えなさい。

(1) この見出しを選んだのは、なぜですか。次から一つ選び、記号で答えなさい。〔15点〕

漢字を読もう！ ①分析　②喚起　③危ぶむ
←答えは左ページ

聞に望むものが異なる。津波で被災し、助けを求める人々がそのときに必要としている情報を継続《けいぞく》して発信し続ける。それが地元紙の役割だ。

言葉の使い方でも微妙《びみょう》な違いが出る。震災直後の三月十三日、宮城《みやぎ》県庁で開かれた会議で、死者・行方《ゆくえ》不明者が一万人を超《こ》えるのは確実という報告が初めて出された。仙台市に本社を置く新聞社の翌日の朝刊一面の大見出しは、③「犠牲《ぎせい》『万単位に』」だった。

この見出しを担当した整理記者は、「死者」か「犠牲」か、どちらの言葉を使うか大いに悩《なや》んだ。彼《かれ》は以前、被災地である宮城県石巻《いしのまき》市に住み、取材に駆《か》け回った経験がある。紙面に掲載《けいさい》する写真や記事を見ながら、震災前の街の風景が目に浮《う》かぶ。顔なじみもたくさんいる。冷めた印象の「死者」という言葉をどうしても使いたくなかった。何よりも明日、被災地で苦しむ人々がこの新聞を目にする。「死者」は正確かもしれないが、使わないと決めた。翌日、全国紙のほとんどは「死者」という言葉を使っていた。

地方紙の記者は、その地域に住み、人々と長く付き合っていく。同じ空気を吸いながら、地域の変化をニュースにしていく。④地域の人々がふるさとを思う気持ちは痛いほど分かる。⑤原発事故による風評で東北の農産物が売れなくなっているという記事があった。東京のイベントで福島産の米を買った人のコメントに涙《なみだ》がこぼれそうになった。「風評に惑《まど》わされる人はいつの時代もどこにでもいる。ただ、被災地を応援《おうえん》したいと思っている人はその何十倍もいる。」

〔今野《こんの》俊宏《としひろ》「いつものように新聞が届いた――メディアと東日本大震災」による〕

ア 被災地を取材した経験から現場の様子を正しく伝えたい気持ちがあり、より正確な表現を使いたかったから。

イ 被災地の人々に思い入れがあるため、冷めた印象の「死者」という言葉に抵抗《ていこう》があり、被災者に突《つ》きつけるのをためらったから。

ウ 被災地を取材した経験から、たくさんの写真や記事を目にしており、その中でも目に留まりやすい表現を使いたかったから。

エ 被災地に住んだ経験から、地元に寄り添《そ》っているという自負があり、全国紙との違いを見せたかったから。

(2) 同じ事実を、全国紙はどのように伝えましたか。〔15点〕

4 やや難 ――線④「地域の人々がふるさとを思う気持ちは痛いほど分かる。」とありますが、地方紙の記者に地域の人々の気持ちが分かるのは、なぜですか。〔15点〕

5 ――線⑤「原発事故による風評で東北の農産物が売れなくなっているという記事」を掲載した記者には、どのような思いがあったと考えられますか。次から一つ選び、記号で答えなさい。〔10点〕

ア 暗い記事の中から、読者の興味をひくような話題を提供したい。

イ 風評を広げた犯人を、なんとかして突き止めてやりたい。

ウ 自分の地域の人々の苦境を伝えることで、助けになりたい。

エ 東北の農産物のおいしさを、もっと全国に広めたい。

漢字で書こう! ①ぶんせき ②かんき ③あや(ぶむ)

答えは右ページ➡

文法の窓２　文法のまとめ
漢字道場７　間違《まちが》えやすい言葉

テストに出る！
ココが要点

文法の窓２　文法のまとめ

●「ない」の識別
・形容詞（補助形容詞）…それだけで一文節になる。
・打ち消しの助動詞…上に動詞の未然形がある。
・形容詞の一部…上に形容詞の一部がある。

●「らしい」の識別
・形容詞の一部…「いかにも……だ」の意味になる。
・推定の助動詞…「どうやら……だ」の意味になる。

●「そうだ」の識別
・様態の助動詞…上に動詞の連用形か、形容詞・形容動詞の語幹がある。
・伝聞の助動詞…上に用言の終止形がある。

●「だ」の識別
・形容動詞の終止形の活用語尾《ごび》…上に形容動詞の語幹がある。
・断定の助動詞…上に名詞か、助詞「の」がある。
・過去・完了《かんりょう》・存続の助動詞「た」…上に動詞の連用形の音便がある。

●「に」の識別
・形容動詞の連用形の活用語尾…上に形容動詞の語幹がある。
・格助詞…上に名詞がある。
・副詞の一部…上と切り離《はな》せないか、上がそれだけで副詞になる。

確認《かくにん》

◇「ない」「らしい」「そうだ」「だ」「に」のように、文法上の性質が複数あり、識別の難しい語がある。
◇文脈での意味を考えながら、言葉を正しく使う。

5分間攻略ブック p.10／p.20

テストに出る！
予想問題

解答 p.9
20分　／100点

1 よく出る　**文法の窓２　文法のまとめ**　次の——線の文法的な性質を後から一つずつ選び、記号で答えなさい。　5点×4〔20点〕

① この辺りの道はよく分からない。
② 情けないことを言わないでください。
③ 失敗することなど怖《こわ》くない。
④ それに賛成しない人はいない。

ア　形容詞（補助形容詞）　イ　打ち消しの助動詞
ウ　形容詞の一部

①	②	③	④

2 次の——線の助動詞の種類を後から一つずつ選び、記号で答えなさい。助動詞でないものには×を書きなさい。　5点×4〔20点〕

① この演目はつまらなそうだ。
② 詳《くわ》しい事情は知らないそうだ。
③ 私《わたし》は自分らしい生き方をしたい。
④ この建物の住民らしい人物を見かけた。

ア　推定　イ　様態　ウ　伝聞

①	②	③	④

3 よく出る　次の——線と文法的な性質が同じものを、それぞれ後から一つずつ選び、記号で答えなさい。　10点×2〔20点〕

漢字を読もう！　①括弧　②錦絵　③瑠璃色

例題

1 ——線の文法的な性質を選びなさい。

① 頂上まで登れない。（　　）
② 今日は寒くない。（　　）
③ 来場者が少ない。（　　）

ア 形容詞（補助形容詞）
イ 打ち消しの助動詞
ウ 形容詞の一部

2 ——線が助動詞のものを選びなさい。

ア 新しい代表者は彼《かれ》らしい。
イ 妹はいかにも子供らしい。（　　）

3 ——線の助動詞の種類を選びなさい。

① 父は車が欲《ほ》しいそうだ。（　　）
② 外は風が強そうだ。（　　）

ア 様態　**イ** 伝聞

4 ——線の助動詞の種類を選びなさい。

① これは国語の教科書だ。（　　）
② 母に番組の録画を頼《たの》んだ。（　　）

ア 断定　**イ** 過去

5 ——線が助詞のものを選びなさい。

ア 部屋をきれいにする。
イ 今日は図書館に行く。（　　）

答えと解説

1 ①イ　②ア　③ウ

②**「ない」の前に「は」を入れられれば形容詞（補助形容詞）**と判断できる。③「少ない」で一語の**形容詞**。

2 ア

アは、「彼」の前に**「どうやら」が補えるので推定の助動詞**。

3 ①イ　②ア

②は、「そうだ」の前に「強い」という**形容詞の語幹があるので様態**。

4 ①ア　②イ

②は、上に「頼む」という**動詞の連用形の音便があるので、過去の助動詞「た」**。

5 イ

イは、上に「図書館」と**いう名詞があるので格助詞**。アは**形容動詞**の活用語尾《ごび》。

---

①　この町はとても平和だ。

ア 山脈に流れる水は豊かだ。
イ この作品ももうすぐ完成だ。
ウ 昨日プールで泳いだ。

②　手紙を出したら、すぐに返事がきた。

ア 弟は元気に学校へ行った。
イ 午前中は家にいる。
ウ ついに目標を達成した。

①	②

4 やや難　**次の——線が、Ⅰ…形容詞か形容詞の一部であるもの、Ⅱ…助動詞か助動詞の一部であるものをそれぞれ全て選び、記号で答えなさい。**　完答10点×2〔20点〕

ア 風邪《かぜ》を引いたので、ピクニックには行かない。
イ 今のは大田《おおた》さんらしい発言だったね。
ウ 彼《かれ》の出した結論なら確かだ。
エ 次の委員会は金曜日になるそうだ。
オ そう遠くないうちに連絡《れんらく》します。

Ⅰ	Ⅱ

漢字道場７　間違《まちが》えやすい言葉

5 **次の——線を、正しい漢字に直して書きなさい。**　5点×4〔20点〕

① 惰落した生活を改める。
② 半身半疑で話を聞く。
③ 表賞式に出席する。
④ 忠告を心に明記する。

①	②
③	④

漢字で書こう!　①かっこ　②にしきえ　③るりいろ
答えは右ページ➡

レモン哀歌《あいか》

教科書 p.210～p.211

主題

◆作者の最愛の妻が亡《な》くなる瞬間《しゅんかん》を描《えが》いた詩。妻の智恵《ちえ》子は死の直前に正常な意識を取り戻《もど》し、作者への愛を示す。悲しみの中にも愛の世界の明るさが感じられる。

テストに出る！ **ココが要点**

詩の形式

●口語自由詩…歴史的仮名遣《かなづか》いが用いられているが、現代の言葉や文法で書かれている。また、各行の音数に決まりがない。

作者

●作者…高村光太郎《たかむらこうたろう》　●代表作…「道程」・「智恵子抄《ちえこしょう》」など。

テストに出る！ 予想問題

解答 p.10　⏱30分　／100点

◇ 次の詩を読んで、問題に答えなさい。

レモン哀歌《あいか》　　高村《たかむら》 光太郎《こうたろう》

①そんなにもあなたはレモンを待つてゐた
かなしく白くあかるい死の床《とこ》で
わたしの手からとつた一つのレモンを
あなたのきれいな歯がりりと噛《か》んだ
②トパァズいろの香気《かうき》が立つ
その数滴《てき》の③天のものなるレモンの汁《しる》は
ぱつとあなたの意識を正常にした
あなたの青く澄《す》んだ眼《め》がかすかに笑ふ
わたしの手を握《にぎ》るあなたの力の健康さよ

---

4 よく出る ——線③「天のものなる」という表現には、レモンに対する作者のどのような気持ちが込《こ》められていますか。次から一つ選び、記号で答えなさい。〔10点〕

ア 喜びと悲しみ
イ 落胆《らくたん》と失望
ウ 怒《いか》りと哀《あわ》れみ
エ 賞賛と感謝

5 ——線④「あなたの咽喉に嵐はあるが」について答えなさい。

(1) ここで用いられている表現技法を次から一つ選び、記号で答えなさい。〔10点〕

ア 直喩《ちょくゆ》　**イ** 隠喩《いんゆ》
ウ 対句《ついく》　**エ** 擬人法《ぎじんほう》

(2) よく出る これは智恵子のどのような様子を表していますか。次から一つ選び、記号で答えなさい。〔10点〕

ア 話したいのに声が出ず、困っている様子。
イ レモンの酸味が咽喉に広がっている様子。
ウ 息が荒《あら》く、呼吸するのが苦しそうな様子。
エ 今にも元気な声が飛び出しそうな様子。

6 ——線⑤「智恵子はもとの智恵子となり」とありますが、これと同じような内容を表している一行を、詩の中から抜《ぬ》き出しなさい。〔10点〕

漢字を読もう！　①澄む　②生涯　③握る
←答えは左ページ

④あなたの咽喉《のど》に嵐《あらし》はあるが
かういふ命の瀬戸《せと》ぎはに
⑤智恵子《ちえこ》はもとの智恵子となり
生涯《しやうがい》の愛を一瞬《いつしゆん》にかたむけた
それからひと時
昔山巓《さんてん》でしたやうな深呼吸を一つして
⑥あなたの機関はそれなり止まつた
写真の前に挿《さ》した桜の花かげに
すずしく光るレモンを今日も置かう

1 よく出る この詩の形式を、漢字五字で書きなさい。〔10点〕

2 ――線①「そんなにも」とありますが、智恵子のどのような様子に対していっているのですか。次から一つ選び、記号で答えなさい。〔10点〕

ア 死の間際《まぎわ》なのに、自らレモンをとり、強くかじる様子。
イ 病気を治すために、苦手なレモンを我慢《がまん》して食べる様子。
ウ 死の床にあっても活力にあふれ、食欲が衰《おとろ》えない様子。
エ 好物のレモンを見つけようと、あちこち歩き回る様子。

3 ――線②「トパァズいろの香気が立つ」とありますが、どういうことを表していますか。□に当てはまる言葉を書きなさい。〔10点〕

□のよい香《かお》りがするということ。

7 やや難 ――線⑥「あなたの機関はそれなり止まつた」とは、どういうことを表していますか。考えて書きなさい。〔10点〕

8 この詩を時間の経過から大きく二つに分けると、どこで分けられますか。後半の部分の初めの一行を詩の中から抜き出しなさい。〔10点〕

9 この詩の鑑賞《かんしょう》文として適切なものを次から一つ選び、記号で答えなさい。〔10点〕

ア 智恵子の病気が快復に向かったときに詠《よ》まれたもので、悲しさの中にも希望が入り混じっている。
イ 智恵子が亡《な》くなったときの様子を清らかに描《えが》き出し、今も変わらない深い愛を歌っている。
ウ 智恵子の死を冷静に受け止め淡々《たんたん》と表すことで、孤独《こどく》感がいっそう強く伝わってくる。
エ 智恵子を失った嘆《なげ》きを率直《そっちょく》に表し、生きる気力を失った作者の姿を印象づけている。

漢字で書こう！ ①す(む) ②しょうがい ③にぎ(る)
答えは右ページ➡

教科書 p.212～p.213

生《う》ましめんかな

主題

◆原爆《げんばく》投下直後の地獄《じごく》のような光景の中で、新しい生命の誕生を前に他人を思いやる人々と、瀕死《ひんし》の状態で赤ん坊《ぼう》を取り上げた産婆《さんば》の姿を描《えが》いた詩。

テストに出る！

ココが要点

詩の形式

●**口語自由詩**…現代の言葉で、各行の音数に決まりのない詩。

表現技法

●**反復**…同じ語句を繰《く》り返して用いる。

●**倒置**《とうち》…語句の順序を入れ替《か》える。

例 生《う》ましめんかな／生ましめんかな／己《おの》が命捨つとも

（反復）（倒置）

テストに出る！

予想問題

次の詩を読んで、問題に答えなさい。

解答 p.10

30分 / 100点

①生《う》ましめんかな

栗原《くりはら》 貞子《さだこ》

こわれたビルディングの地下室の夜だった。
原子爆弾《ばくだん》の負傷者たちは
ローソク一本ない暗い地下室を
うずめて、いっぱいだった。
生《な》まぐさい血の匂《にお》い、死臭《ししゅう》。
汗《あせ》くさい人いきれ、うめきごえ

3 ――線②「不思議な声」について答えなさい。

(1) どの声を指しますか。詩の中から抜き出しなさい。〔10点〕

(2) よく出る なぜ不思議なのですか。次から一つ選び、記号で答えなさい。〔10点〕

ア 苦痛の中にあるはずなのに力のある声だったから。
イ その場所にいなかったはずの人物の声だったから。
ウ あまりの苦痛に言葉として聞き取れなかったから。
エ 凄惨《せいさん》なその場とはかけ離《はな》れた内容の言葉だったから。

4 ――線③「地獄の底のような地下室」の様子が具体的に分かる部分を詩の中から二行で抜き出し、初めの五字を書きなさい。〔10点〕

5 やや難 ――線④「若い女が産気づいている」とありますが、このとき人々は、どのような気持ちでしたか。〔10点〕

6 ――線⑤「かくて……死んだ。」とありますが、この部分で対照的に描かれていることは、何と何ですか。□に当てはまる言葉を、詩の中から抜き出しなさい。5点×2〔10点〕

新しい生命が ⓐ□ ことと、産婆が ⓑ□ こと。

漢字を読もう！ ←答えは左ページ　①赤ん坊　②匂い　③爆弾

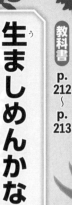

その中から②不思議な声がきこえて来た。
「赤ん坊《ぼう》が生まれる」と言うのだ。
この③地獄《じごく》の底のような地下室で
今、④若い女が産気づいているのだ。
マッチ一本ないくらがりで
どうしたらいいのだろう
人々は自分の痛みを忘れて気づかった。
と、「私《わたし》が産婆《さんば》です、私が生ませましょう」
と言ったのは
さっきまでうめいていた重傷者だ。
⑤かくてくらがりの地獄の底で
新しい生命《いのち》は生まれた。
かくてあかつきを待たず産婆は
血まみれのまま死んだ。
⑥生ましめんかな
生ましめんかな
己《おの》が命捨つとも

1 ――線①「生ましめんかな」と同じ意味を表す言葉を、詩の中から抜《ぬ》き出しなさい。〔10点〕

2 この詩に描《えが》かれているのは、いつの出来事ですか。□に当てはまる言葉を、詩の中から抜き出しなさい。〔10点〕

投下直後の夜の出来事。

7 ――線⑥「生ましめんかな……捨つとも」について答えなさい。

(1) ここで用いられている表現技法を次から二つ選び、記号で答えなさい。5点×2〔10点〕

ア 比喩《ひゆ**》　**イ** 倒置《とうち》　**ウ** 対句《ついく》
エ 擬人《ぎじん》法　**オ** 反復

(2) よく出る この部分だけ文語が用いられていますが、どのような効果がありますか。次から一つ選び、記号で答えなさい。〔10点〕

ア 格調を高め、死の間際《まぎわ》に出産を手伝った産婆の気高さや、命の誕生を願う人々の思いを力強く印象づけている。
イ 作者の第三者的な立場を強調し、悲惨《ひさん》な出来事を客観的に描き出すことで、冷静に悲しみを伝えている。
ウ 産婆と人々の強い願いやいきどおりを硬《かた》い印象の言葉で表し、読者に共感を強制する意志を感じさせている。
エ 言葉に深みと余韻《よいん》をもたらし、出来事とは対照的な情景の静寂《せいじゃく》さと美しさを強調している。

8 この詩に込《こ》められた作者の思いとして適切なものを次から一つ選び、記号で答えなさい。〔10点〕

ア 戦争に対する無力感と、死を前にしても欲求を通そうとする人間への絶望。
イ 戦争に対するやるせなさと、極限の中でも他人を思い命をつむごうとする人間への賛美。
ウ 戦争に対する恐《おそ》れと、職務に命を捧《ささ》げて死んでいった産婆への深い哀《あわ》れみ。
エ 戦争が終わったことへの脱力《だつりょく》感と、新しい時代を担《にな》う命の誕生の喜び。

漢字で書こう!　①あか(ん)ぼう　②にお(い)　③ばくだん
答えは右ページ➡

教科書 p.214～p.230

最後の一句

テストに出る！ ココが要点

奉行所《ぶぎょう》での取り調べ（教 p.226～p.227）➤予想問題

● 奉行所で取り調べを受けるいち…目は冷ややかで、詞《ことば》は徐《しず》か。
↓どんな脅《おど》しにも動じないで落ち着いている。

●「お上《かみ》のことには間違《まちが》いはございますまいから。」＝最後の一句
・佐佐《ささ》…不意打ちに遭《あ》ったような驚愕《きょうがく》、憎悪《ぞうお》を帯びた驚異の目。
↓いちの言葉からお上への反抗《はんこう》心と皮肉を感じ取った。

主題

「いち」は、死罪を言い渡《わた》された父の命乞《いのちご》いをする。取り調べを受けても冷静な「いち」が放った最後の一句は、奉行《ぶぎょう》の佐佐《ささ》に辛辣《しんらつ》な皮肉として突《つ》き刺さった。

5分間攻略ブック p.11

テストに出る！ 予想問題

解答 p.11

30分　100点

次の文章を読んで、問題に答えなさい。

いちは、自分を含《ふく》む兄弟たちを身代わりにして、死罪を言い渡《わた》された父の命乞《いのちご》いをする書状を書いた。

①「おまえの申し立てにはうそはあるまいな。もし少しでも申したことに間違《まちが》いがあって、人に教えられたり、相談をしたりしたのなら、今すぐに申せ。隠《かく》して申さぬと、そこに並べてある道具で、誠《まこと》のことを申すまで責めさせるぞ。」佐佐《ささ》は責め道具のある方角を指差した。

いちは指された方角をひと目見て、少しもたゆたわずに、「いえ、申したことに間違いはございません。」と言い放った。②その目は冷ややかで、その詞《ことば》は徐《しず》かであった。

1 ――線①「おまえの申し立てにはうそはあるまいな。」とありますが、佐佐はどのようなことを疑っているのですか。□に当てはまる言葉を文章中から抜《ぬ》き出しなさい。〔15点〕

いちが、□□□□□□□□□□したうえで、命乞いの申し立てをしているのではないかということ。

2 ――線②「その目は冷ややかで、その詞は徐かであった。」とありますが、ここからいちがどのような少女であることが分かりますか。次から一つ選び、記号で答えなさい。〔15点〕

ア　気が優《やさ》しく従順な少女。
イ　冷酷《れいこく》で自分勝手な少女。
ウ　冷静で意志の強い少女。
エ　怒《おこ》りっぽく単純な少女。

□

3 やや難 ――線③「お上のことには間違いはございますまいから。」とは、どういう意味ですか。次の言葉に続けて書きなさい。〔15点〕

お奉行《ぶぎょう》様が

□

「そんなら今一つおまえにきくが、身代わりをお聞き届けになると、おまえたちはすぐに殺されるぞよ。父の顔を見ることはできぬが、それでもいいか。」

「よろしゅうございます。」と、同じような、冷ややかな調子で答えたが、少し間を置いて、何か心に浮《う》かんだらしく、「③お上《かみ》のことには間違いはございますまいから。」と言い足した。

佐佐の顔には、不意打ちに遭《あ》ったような、驚愕《きょうがく》の色が見えたが、それはすぐに消えて、険しくなった目が、いちの面《おもて》に注がれた。④憎悪《ぞうお》を帯びた驚異の目とでもいおうか。しかし佐佐は何も言わなかった。

次いで佐佐は何やら取調役《とりしらべやく》にささやいたが、間もなく取調役が町年寄《まちどしより》に、「御用《ごよう》が済んだから、引き取れ。」と言い渡した。

白洲《しらす》を下がる子供らを見送って、佐佐は太田《おおた》と稲垣《いながき》とに向いて、「生《お》い先の恐《おそ》ろしい者でござりますな。」と言った。心の内には、哀《あわ》れな孝行娘《むすめ》の影《かげ》も残らず、人に教唆《きょうさ》せられた、愚《おろ》かな子供の影も残らず、ただ氷のように冷ややかに、刃《やいば》のように鋭《するど》い、いちの最後の詞の⑤最後の一句が反響《はんきょう》しているのである。元文頃《げんぶんごろ》の徳川《とくがわ》家の役人は、もとより「マルチリウム」という洋語も知らず、また当時の辞書には献身《けんしん》という訳語もなかったので、人間の精神に、老若男女《ろうにゃくなんにょ》の別なく、罪人太郎兵衛《たろべえ》の娘に現れたような作用があることを、知らなかったのは無理もない。しかし⑥献身のうちに潜《ひそ》む反抗《はんこう》の矛先《ほこさき》は、いちと語《ことば》を交えた佐佐のみではなく、書院にいた役人一同の胸をも刺《さ》した。

〔森《もり》鷗外《おうがい》「最後の一句」による〕

4 よく出る ――線④「憎悪を帯びた驚異の目」を、佐佐がいちに向けたのは、なぜですか。次から一つ選び、記号で答えなさい。〔15点〕

ア 自分の裁きを信頼《しんらい》するいちに感心し、真剣《しんけん》に職務に臨《のぞ》まねばならないと思ったから。

イ 何事にも無関心ないちの態度に、次第《しだい》に怒《いか》りの感情が増してきたから。

ウ しらを切り通し、なかなか本当のことを話さないいちに憤慨《ふんがい》したから。

エ いちの言葉の中にお上に対する反抗心と辛辣《しんらつ》な皮肉を感じ取り、それが胸に刺さったから。

5 よく出る ――線⑤「最後の一句」とは、どの言葉を指しますか。文章中から抜き出しなさい。〔15点〕

6 ――線⑥「献身」とありますが、ここでは誰《だれ》のための献身ですか。文章中から一語で抜き出しなさい。〔10点〕

7 佐佐や役人たちの目には、いちはどのような人物に映りましたか。次から一つ選び、記号で答えなさい。〔15点〕

ア 親への孝行の気持ちのかけらもない、きわめて冷酷《れいこく》な人物。

イ 自分には理解しがたい強い精神を持った、末恐ろしい人物。

ウ 権力のある者の教唆《きょうさ》にも揺《ゆ》るがない、尊敬すべき人物。

エ 人の弱点を突《つ》く言葉を巧《たく》みに操《あやつ》る、機転のきいた人物。

漢字で書こう！ ①うかが(う) ②わぼく ③ちんじゅつ
答えは右ページ→

風の唄《うた》

教科書 p.268〜p.280

主題

◆東真《あずま》が絵を描《か》かなくなったのは、映子《えいこ》の圧倒《あっとう》的な才能を前に自信をなくしたからだった。曽祖母《そうそぼ》の死をきっかけに、東真は自分が描けるものに気づき、また描き始める。

テストに出る！ **ココが要点**

東真《あずま》が絵を描《か》かなくなったきっかけ（教 p.274）➤予想問題

●東真から見た映子《えいこ》…**守ってやりたい**存在。**放っておけない**存在。

●東真は映子の部屋で絵を見つける。→すばらしさに**衝撃《しょうげき》**を受ける。

→映子が自分よりはるかに**優《すぐ》れた才能**を持っていたことに気づく。

テストに出る！ 予想問題

次の文章を読んで、問題に答えなさい。

解答 p.11　30分　100点

①映子《えいこ》は天才なのだ。東真《あずま》がそれに気がついたのは、映子と付き合いだして間もなくのことだった。

最初に出会ったときから、②映子に惹《ひ》かれていた。気になってしかたなかった。

ひと目、見たときから映子の白く小さな顔や闇《やみ》色の光沢《こうたく》のある髪《かみ》をきれいだと感じていた。不器用に黙《だま》り込《こ》むさまも、伏《ふ》し目がちな目もとも、東真に守ってやりたいという気持ちを起こさせる。美しく、地味で、生きるのが下手で、だから放っておけない存在。

映子のことをそう捉《とら》え、手を差し出した。

自分がどのくらい③見当外れの愚《おろ》か者だったか思い知ったのは、二年生の秋、映子の部屋で偶然《ぐうぜん》、④油絵のカンバスを見つけたときだった。机の横に後ろ向きに立てかけてあった八号ほどのカンバ

1 ――線①「映子は天才なのだ。」とありますが、どのようなことにおいて「天才」なのですか。簡潔に書きなさい。〔10点〕

□

2 よく出る ――線②「映子に惹かれていた」とありますが、この頃《ころ》、映子は東真にとってどのような存在でしたか。□に当てはまる言葉を、文章中から抜《ぬ》き出しなさい。10点×2〔20点〕

ⓐ□という気持ちを起こさせるような、ⓑ□存在。

3 よく出る ――線③「見当外れ」とありますが、どのようなことが見当外れだったのですか。次から一つ選び、記号で答えなさい。〔15点〕

ア 守ってやっていると思っていた映子が、実はそれほど東真のことを頼《たよ》りにはしていなかったこと。

イ 不器用で生きるのが下手だと思っていた映子が、実はしたたかでずうずうしい人間であったこと。

ウ 守ってやらなければならない弱い存在だと思っていた映子が、実は自分より優《すぐ》れた才能の持ち主であったこと。

エ 不器用で何もできないと思っていた映子が、実は絵を描くことが趣味《しゅみ》であったこと。

□

漢字を読もう！ ←答えは左ページ　①餌（餌）場　②飽きる　③年齢

スを何気なく手に取ってのぞいたのだ。

東真の横顔が描《か》かれていた。胸から上。前方やや右寄りに淡《あわ》い光源があるらしく、僅《わず》かな陰影《いんえい》ができている。何かを決意した直後のように、口もとが固く結ばれていた。

息をのんだ。⑤心臓をわしづかみにされたほどの衝撃《しょうげき》にうめいていた。

机の横で、もう一枚、同じ大きさのカンバスがやはり後ろ向きになっていた。荒々《あらあら》しくつかむ。真紅《しんく》が目に飛び込んできた。

大輪のバラだった。真紅のバラが一輪、ガラスの花瓶《かびん》に生けられている。バラは散る間際《まぎわ》のようで、花瓶の横には花弁が二枚、重なって落ちていた。

手が震《ふる》える。

これは何だと叫《さけ》びたかった。

息が詰《つ》まり、足もとが定まらない。

「渡部《わたべ》君……。」

映子の声がした。振《ふ》り向こうという気はみじんも起こらなかった。⑥バラと自分の横顔から目が離《はな》れない。

「あっ。」

悲鳴とガラスの砕《くだ》ける音が聞こえる。

「見ないで!」

映子がぶつかってきた。⑦東真の手からカンバスをむしり取る。

東真はバラの、映子は東真の横顔の絵を持ったまま目を合わせた。

〔あさの あつこ「風の唄《うた》」による〕

4 ——線④「油絵のカンバス」には、何が描かれていましたか。文章中から抜き出しなさい。〔10点〕

□

5 やや難 ——線⑤「心臓をわしづかみにされたほどの衝撃にうめいていた。」とありますが、どのようなことに衝撃を受けたのですか。次の言葉に続けて書きなさい。〔15点〕

映子の描いた絵が、□

6 ——線⑥「バラと自分の横顔から目が離れない。」とありますが、それはなぜですか。次から一つ選び、記号で答えなさい。〔15点〕

ア 映子の描いた絵を恥《は》ずかしく思ったから。
イ 映子の描いた絵に怒《いか》りを感じたから。
ウ 映子の描いた絵が理解できなかったから。
エ 映子の描いた絵に圧倒《あっとう》されていたから。

□

7 ——線⑦「東真の手からカンバスをむしり取る。」とありますが、映子がこのような行動をとったのは、なぜですか。次から一つ選び、記号で答えなさい。〔15点〕

ア 映子が描いた絵を、東真が盗《ぬす》み見るようなまねをしていたことに腹を立てたから。
イ こっそり東真の絵を描いていたことを、本人に知られてしまったことに慌《あわ》てたから。
ウ つたなくて出来のよくない絵なのに、東真に見られてしまったことにショックを受けたから。
エ 映子が描いた絵に対して、東真が感想を言う前に隠《かく》してしまいたかったから。

□

漢字で書こう! ①えさば ②あ(きる) ③ねんれい
答えは右ページ➡

「おくのほそ道《みち》」の旅

要旨《ようし》

◇「おくのほそ道」は、「旅」をテーマにした一つの小説だと考えることができる。芭蕉《ばしょう》は舟《ふね》と馬を小道具として上手に使い、旅の様子や心情を描《えが》き出している。

テストに出る! 予想問題

解答 p.12　15分　100点

次の文章を読んで、問題に答えなさい。

実際、「おくのほそ道《みち》」の主人公も、歩くだけではなく、ときおり舟《ふね》と馬を使います。例えば、旅立ちの場面は、

むつまじき限りは宵《よひ》より集《つど》ひて、①舟に乗りて送る。

親しい人々は（皆《みな》）前の晩から集まって、（いっしょに）舟に乗って送ってくれる。

と描《えが》かれます。ほかから隔離《かくり》され、狭《せま》くてそれゆえ親密な舟という空間で、主人公は仲間としばし旅への思いを共有しました。その日、②仲間と別れた主人公は、草加《そうか》という宿場までしか歩けませんでしたが、これは当時の人としては相当に遅《おそ》い歩みです。しかし、曽良《そら》の日記によれば、③本当は芭蕉《ばしょう》はもっと先の宿場まで歩いていたようなのです。舟によって仲間との親密感は強調されましたが、それゆえ別れの悲しみはいっそう深まり、主人公の足取りを重くさせた、というふうに描いたのでしょう。

〔深沢《ふかさわ》了子《のりこ》「『おくのほそ道《みち》』の旅」による〕

1 ——線①「舟」には、空間としてどのような特徴《とくちょう》がありますか。□に当てはまる言葉を、文章中から抜《ぬ》き出しなさい。15点×2〔30点〕

ⓐ□□□□□□されていて狭いため、人とのⓑ□□□を得ることができる空間。

2 よく出る ——線②「仲間と別れた……歩みです」とありますが、これは「おくのほそ道」の読者に、どのようなことを伝えますか。□に当てはまる言葉を、文章中から抜き出しなさい。20点×2〔40点〕

仲間とのⓐ□□□□□□が深まり、主人公のⓑ□□□□□□□が深まり、主人公のⓑ□□□□□□□ということ。

3 やや難 ——線③「本当は芭蕉はもっと先の宿場まで歩いていた」とありますが、このことから、「おくのほそ道」について、どのようなことが分かりますか。次から一つ選び、記号で答えなさい。〔30点〕

ア 主人公が実際の芭蕉よりも、年を取っている人物として描かれていること。

イ 単なる事実の記録ではなく、情感を伝えるような演出がされていること。

ウ 旅の事実がほとんど含《ふく》まれておらず、いわば小説のように創作されていること。

エ 各地の事実を詳《くわ》しく書くために、実際の日程とは記述を変えていること。

□

中間・期末の攻略本

解答と解説

取りはず
使えます!

東京書籍版　国語3年

p.4〜p.5 生命《いのち》は／二つのアザミ

◇

1	2	3	4		5	6	
			ⓐ	ⓑ		ⓐ	ⓑ
（「）すてきに背高の薊（」）	エ	闇に沈んだ見えない「薊」（というイメージ）	野の花	明と暗を持つ、言葉としての「薊」	ウ	より豊かな花	美しさを増して

解説

◇

2 言葉の持つ響《ひび》きや印象を、「音楽」にたとえている。

3 次の段落に「闇《やみ》に沈《しず》んだ見えない『薊《あざみ》』というイメージを付け加えてくれた」とある。

4 「少年の頃《ころ》に……」から始まる段落で、「野の花としてのアザミは、……明と暗を持つ、言葉としての『薊』になりました」とある。

5 直前に「つまり」とあることから、一つ前の文を言い換《か》えていると分かる。現実のアザミも美しさを増して見えるようになったのである。

6 本の中の二つの「薊」の表現に出会ったことで、昔から知っていた「アザミ」が、自分の心の中で豊かに育ち、見え方も変わっていったのである。

最終チェック

「言葉」に対する筆者の考えを捉《とら》える！

筆者は、言葉が表現によってさまざまな印象を与《あた》えてくれることで、自分の中のその言葉のイメージや、言葉が表す実物に対する見方も変化していくと考えている。そのことを、「言葉を育てていく喜び」と述べている。

p.8〜p.9 俳句の読み方、味わい方／俳句五句／日本語探検1／漢字道場1

1

1		2	3	4		
①	③			(1)	(2)	(3)
季語 囀 季節 春	季語 すすき 季節 秋	かな	エ	全てが平仮名であること	例 薄のかすかな重さと「はらりと」という感触を伝える効果。	イ

2

1	2	3	4
や	季語 万緑 季節 夏	D	① C ② D ③ A ④ B

3

① C	⑤ C
② A	⑥ B
③ A	⑦ B
④ B	⑧ A

4

① 酪農	② 缶詰

解説

1

3 人に見立てた「抱《だ》く」という表現から、子を守る親のような包容力が感じられる。

4 (2)漢字を交ぜると「重そうに感じられ」るとあるので、反対の内容をまとめる。(3)軽そうな様子に反して、「はらりと」と手応えと存在感が感じられたことを「おもき」と表現している。

2

4 ④Bは、一面の緑と歯の白との対比が鮮《あざ》やかである。

3 外来語は原則として片仮名《かたかな》で書かれる。和語と漢語は、訓読みか音読みかを確かめて区別する。

最終チェック

表現技法を押《お》さえる！

- 体言止め…句の末尾《まつび》を体言（名詞）で終える表現。
- 反復…同じ語句を繰《く》り返す表現。
- 擬人《ぎじん》法…人間以外のものを人間のようにたとえる表現。

p.12～p.13 形

◇

1	2	3	4	5	6	7
華々しい手柄	エ	ⓐ ア ⓑ イ	例 自分の形だけでも、たいへんな力を持っていることへの誇り。	④ 若い侍 ⑤ 新兵衛	例 黒革縅の武者がいつもの猩々緋の新兵衛だ	ウ

解説

◇ **2** **1** 若い侍《さむらい》の言葉から探す。「肝魂《きもだま》」は、気力や度胸を表している。新兵衛《しんべえ》は、「形」ではなく本人の実力がだいじだと思っているのである。

3 ⓑ新兵衛は自分の実力に自信があるので、気軽に羽織《はおり》とかぶとを貸している。

4 直後の一文に、「形」を通して自分を誇《ほこ》らしく思う気持ちが書かれている。

6 新兵衛がいつもの「形」ではなかったため、敵は相手が猩々緋《しょうじょうひ》の「槍中村《やりなかむら》」だと分からなかったのである。

7 新兵衛は、敵がいつもと違《ちが》っておびえず、簡単な戦いができないことから、自分が貸してしまった「形」の持つ力に気づいたのである。

最終チェック

「形」の持つ力の大きさを捉《とら》える！

「形」とは、「槍中村」の姿を作り出していた猩々緋の羽織と唐冠《とうかん》のかぶとのこと。敵が恐《おそ》れていたのは、この「形」をまとった新兵衛であり、新兵衛の強さを確かなものにしていたのは「形」だったのである。

p.16～p.17 百科事典少女

◇

1	2 (1)	2 (2)	3	4	5
百科事典を書き写し続ける	例 読むことができなかったページ。	● イ ● オ	例 Rちゃんと重ね合わせて	エ	ウ

（●は順不同）

解説

◇ **2** (1)Rちゃんが「百科事典」を読み進めていたことを、「探索《たんさく》」とたとえている。(2)「百科事典」は生前のRちゃんが愛した世界。「目を凝《こ》らし」からは、紳士《しんし》おじさんが娘《むすめ》の気配を探す様子が、「踏《ふ》みしめる」からは、娘の望みを確かめるようにして代わりに実現する様子が読み取れる。

3 おじさんにRちゃんを重ね合わせて見ているため、子供だったRちゃんに合わせて縮んでいくように見えている。

4 紳士おじさんの大切な作業が継続《けいぞく》できることを、いちばんに伝えたかったのである。

5 店主たちは、それが当然だというように、紳士おじさんの作業をそっと見守っている。

最終チェック

「私」とRちゃんの関係を考える！

「私」とRちゃんは、学校では友達ではなかったが、読書休憩《きゅうけい》室では日が暮れるまでいっしょに過ごした。「私」とRちゃんには「本が好き」という共通点があり、「読書休憩室」で過ごす時間という秘密を共有する特別な関係を築いていたのである。

p.18〜p.19 日本語探検2／漢字道場2

問題	番号	解答
1	①	C
	②	A
	③	B
2	①	例お伝えし
	②	例お書きになる
	③	例ご協力でき
	④	例おかけ
3	①	例いらっしゃい
	②	例お入りになれ
	③	例ご覧になる
	④	例お帰りになり
4	①	ケ
	②	キ
	③	オ
	④	ク
	⑤	ウ
	⑥	エ
	⑦	カ
	⑧	ア
	⑨	イ
5	①	ウ
	②	エ
	③	ア
6	①	なだれ
	②	さみだれ

解説

1 尊敬語と謙譲語《けんじょうご》のそれぞれについて、「お（ご）」に続く形を覚えておこう。

2 ①謙譲語「お〜する」、④尊敬語「お〜くださる」の形になる。

3 ②尊敬語「お〜になれる」にする。④「お帰りになられ」は二重敬語。「られ」は不要。

4 ⑥「独りで立つ」、**エ**「必ず勝つ」と、上の字が下の用言を修飾《しゅうしょく》する。⑨「物の価（格）」、**イ**「秋の風」と、上の字が下の体言を修飾する。

最終チェック

↓「なさる」「れる」「られる」に注意する！

・謙譲語に付けて、尊敬語として使わないようにする。
×先生が申し上げなさる。

・二重敬語にならないようにする。
×召《め》しあがられる。

p.22〜p.23 絶滅《ぜつめつ》の意味

◇

問題		解答
1	(1)	生物の絶滅の問題を、人間に影響のないものと安易に考えて見過ごしてはならない（のである）
	(2)	●例絶滅しても生態系に大きな影響を及ぼしそうにもない生物がいること。
		●例人間におよそ恩恵をもたらしそうにもない生物がいること。
	(3)	だが実際に
2		例ある生物の減少により、生態系の仕組みが壊れてしまった例。
3		ア
4		エ
5		ウ

（●は順不同）

解説

◇

1 (1) ——線①の直前の「これ」が指すものが筆者の意見。

(2) 直後の文の文末「……がその根拠《こんきょ》だ」に着目する。

(3) 筆者は第三段落で「だが実際には……」と、——線①の意見への反論をしている。

2 「そんな例」とあるので、直前の段落の内容を手がかりにまとめる。ラッコの減少は海《かい》藻《そう》の激減につながり、海の生態系に大きな影響《えいきょう》を及《およ》ぼした。

4 「不可逆」は、「再びもとに戻《もど》れない」という意味。後の文にもあるように、絶滅《ぜつめつ》した生物が復活することはない。だから、絶滅して手遅《ておく》れになる前に、この問題に真剣《しんけん》に向き合うべきだと筆者は考えている。

5 **ア**は、ラッコの減少は人間に有益な結果ではない。**イ**は、「確実に」影響を及ぼすわけではない。**エ**は、「無視されてきた」とは述べられていない。

最終チェック

↓筆者が最も言いたかったことは？

人間は、絶滅する生物が増えているという事実に真剣に向き合うべきである。

p.24～p.25 日本語探検3／漢字道場3

5		4		3		2		1
④五	①八	④ア	①オ	④ア	①ウ	③峠を越し	①肩を落とし	①ア
⑤四	②三	⑤ウ	②イ	⑤カ	②イ	④棒に振っ	②棚に上げ	②ウ
⑥一	③二	⑥エ	③カ	⑥エ	③オ			③エ
								④イ

解説

2 ①「がっかりする」、②「不都合なことには触《ふ》れないでおく」、③「最も危険な時期を過ぎる」、④「努力を無駄《むだ》にする」という意味の慣用句。

4 ①「一刀で両断する」と**オ**「大器は晩成する」は、上の二字が下の二字にかかるもの。④「千差」＝「万別《ばんべつ》」、**ア**「謹《きん》厳《げん》」＝「実直」と、意味の似た二字熟語を重ねたもの。⑤「有名」↔「無実」、**ウ**「内《ない》憂《ゆう》」↔「外患《がいかん》」と、意味が対《つい》になる二字熟語を重ねたもの。⑥「老↔若」「男↔女」、**エ**「古↔今」「東↔西」と、対義の二字から成る語を重ねたもの。

最終チェック

故事成語の由来と意味を知ろう！

朝三暮四《ちょうさんぼし》…[故事]飼い主が猿《さる》に「とちの実を朝に三つ、暮れに四つやろう」と言うと猿が怒《おこ》り、「朝に四つ、暮れに三つやろう」と言うと猿は喜んだ。[意味]目先の利害にこだわり、結果に気づかないこと。

呉越同舟《ごえつどうしゅう》…[故事]敵どうしの呉の人と越の人でも、同じ舟《ふね》に乗り合わせたら、助け合うだろうという孫子《そんし》の言葉。[意味]仲の悪い者どうしが同じ場所にいること。共通の目標で協力すること。

p.26～p.27 恩返しの井戸を掘《ほ》る

◇						
1	2	3	4	5	6	7
イ	例確認し、しみじみ喜ぶ気持ち。	ウ	子供たちが～を流した。	エ	水や命の大～謝の気持ち	日本で自分の体験を語ったり、豊かさについて子供たちと考えたりすること

解説

◇ **1** 筆者のはやる気持ちを捉《とら》える。

2 実際に水が出るのを自分の目で見ることで、感動をしみじみとかみしめている。

3 「子供たちは、不思議そうに……」「女性が手をたたいて喜ぶ」などに合うものを選ぶ。

5 直前の二つの段落、特に「彼《かれ》らの……強い気持ちが伝わってくる」に着目する。

6 直前の段落の最後の文にある「本当に大切なこと」が、「豊かさ」である。具体的な内容をさらに前から捉える。

7 直前の「……ことも、恩返しの一つだと思う」という表現に着目する。

最終チェック

筆者が体験から考えたことは？

・ギニアの村で、シェリフ医師に命を救われる。
↓恩返しをしたい。ギニアに井戸を掘《ほ》ることを思いつく。
・「水や命の大切さ、家族の大切さ、分け合うこと、みんなで作りあげること、感謝の気持ちなど」…「豊かさ」を村人から教わる。
↓これからも出会った人に感謝し、恩返しを続けたい。

p.30～p.31 幸福について

◇

問		解答
1	トッポ	喜び
	カイ	充実感
2	(1)	イ
	(2) ⓐ	前提
	(2) ⓑ	疑ってみる
3	Ⅰ	例今まで考えていなかったことに気づかされるとき。
	Ⅱ	例ほかの人の発言から何かを学ぼうとする姿勢。
4		例幸福と幸福感は同じものなのか、違うのかという問題。
5	(1)	ウ
	(2) ⓐ	考えが変わる
	(2) ⓑ	例敵とか味方ではなく、どう考えるのが正しいのか

解説

◇ **1** 最初の二人の会話に着目。

2 (1) 「そう」が指している内容をグーの前の発言から捉《とら》える。

(2) 筆者は、「その前提も疑ってみるべき」と考えている。「その前提」とは、「幸福は気持ちの問題だ」を指す。

3 前の「議論していて楽しいのは、……」から捉える。

4 「幸福と幸福感は同じものなのか、違《ちが》うのか。それがそもそも問題だ」と言っている。

5 (1) トッポはカイに、自分とグーのどちらの味方なのかを質問している。トッポは幸福と幸福感が同じだと考え、グーは幸福と幸福感は違うと考えている。

(2) 最後のカイの言葉に着目。

最終チェック

考えを深めるために注意することは?

・論点を整理し、考える順を決める。
・前提になっていることを疑ってみる。
・具体例を抽象《ちゅうしょう》化して言い換《か》えたり、抽象的なことを具体例を使って説明したりする。
・自分の考えにこだわらず、視点や立場を変えて検討してみる。

p.32～p.33 文法の窓1／漢字道場4

問		解答
1	①	ア
	②	イ
2	①	(僕は) 本を読み始めた姉にもう一度話しかけた。
	②	(私は) 雨にぬれている花をずっと眺めた。
3		例彼は本で調べないが、そういう人に歴史のことは分からない。 [または] 例本で調べない彼のような人には、歴史のことは分からない。
4	①	深み
	②	著しい
	③	直ちに
	④	柔らかな
	⑤	厳かだ
	⑥	怠る
	⑦	甚だしい

解説

1 ① 「急いで出かけようとしている父」がまとまるように読点を打っているものを選ぶ。

2 どの語句がどの語句にかかるのかを意識しながら語順を考える。修飾《しゅうしょく》語と被《ひ》修飾語をなるべく近くに置くようにするとよい。

3 打ち消しの語がどの範囲《はんい》までを打ち消しているのか分かりづらい場合は、語句を補うなどして分かりやすくする。

4 ①活用のある語を元とする名詞なので、元の「深い」の活用語尾の送り方によって送る。④「らか」を含《ふく》む形容動詞なので、「らか」から送る。

最終チェック

分かりやすい文にするには?

・読点や漢字を適切に用いる。
・かかり受けの関係をはっきりさせる。
・長すぎる修飾語は避《さ》ける。
→文を二つに分けて、指示語でつなぐなどの工夫《くふう》をする。
・一つの語句にかかる語句が多くあるときの順番に注意する。
→修飾語と被《ひ》修飾語を近くに置くなどして分かりやすくする。

p.34〜p.35 初恋《はつこい》

◇

問	解答
1	文語定型詩
2	ⓐ おもいけり　ⓑ あたえし　ⓒ おのずから
3	ウ
4	(1) 林檎　(2) イ
5	例（意識せず）思わず出てしまうためいき。
6	(1) エ　(2) ア
7	(1) 君　(2) ウ
8	第一連 ア　第二連 エ　第三連 イ　第四連 ウ

解説

◇

1 一行の音数が、七音と五音になっている。

3 「まだ結《ゆ》い上げたばかりの前髪《まえがみ》」のことで、明治・大正時代に、十代半ばの少女が結っていた日本髪である。

5 この「こころなき」は「思いやりがない、冷たい」という意味ではなく、「自分でも意識せず、思わず」という意味。

6 実った恋《こい》に酔《よ》いしれる様子を、盃《さかずき》に酒が注がれてそれを飲むことにたとえている。

7 「われ」と「君」（少女）が、二人で会うために通い続けてできた道のことである。わざとそのようなことを問う少女をいとしいと感じている。

8 この詩では、少女に出会って恋が進展していく過程がみずみずしく歌われている。

最終チェック

作者の気持ちの流れを押《お》さえる！

少女に出会って少女にひかれる。→少女と心が通い合い、恋の始まりを感じる。→恋の切なさと、恋のすばらしさを知る。→少女との語らいの中で、いっそう少女をいとしいと感じる。

p.38〜p.39 万葉《まんよう》・古今《こきん》・新古今《しんこきん》

1

問	解答
1	ⓐ ウ　ⓑ ア
2	Ⅰ 葉　Ⅱ 種
3	イ

2

問	解答
1	月　潮
2	イ
3	イ
4	Ⅰ ちはやぶる　Ⅱ 神
5	例 頼りに思い始めるようになった（。）
6	ⓐ あかでも　ⓑ 序詞
7	三
8	エ
9	命
10	① I　② G　③ B　④ K　⑤ D　⑥ C　⑦ F　⑧ A

解説

1 **3** 反語の表現で、「いや、全てのものが歌を詠《よ》むのだ」という意味になる。

2 **2** 「かぎろひ」は、日の出の空を赤く染める光である。

5 「頼《たの》み初《そ》めてき」と漢字に直すことができる。

8 秋の夕暮れの、緑の真木《まき》が立つ山の風景全体に寂《さび》しさを感じて、秋が寂しいのは「その色や様子が特にそうだということではないのだなあ」と詠んでいる。

最終チェック

歌集の特徴《とくちょう》を確認《かくにん》！

- 万葉集《まんようしゅう》…自然や人間に対する素朴《そぼく》な感情をおおらかに力強く歌った歌が多い。
- 古今和歌集《こきんわかしゅう》…機知に富んだ表現や優《やさ》しく細やかな歌が多い。
- 新古今和歌集《しんこきんわかしゅう》…華《はな》やかで技巧《ぎこう》に優《すぐ》れた歌や内省的な歌、象徴《しょうちょう》的な歌が多い。

p.42～p.43　おくのほそ道《みち》

問	番号	小問	解答
1	1	Ⅰ	オ
1	1	Ⅱ	ウ
1	2		例 旅の支度のため。
1	3	(1) 季語	雛
1	3	(1) 季節	春
1	3	(2)	● イ　● オ
1	4		エ
2	1		ウ
2	2		イ
2	3		ウ
2	4		さても、義
2	5	(1) 季語	卯の花
2	5	(1) 季節	夏
2	5	(2)	兼房の白毛

（●は順不同）

解説

1

2　「旅に出るため。」「旅の準備のため。」などでもよい。

4　「漂泊《へうはく》の思ひやまず」などに表された芭蕉《ばしょう》の思いを読み取る。

2

1　奥州藤原《おうしゅうふじわら》三代の華《はな》やかな栄華《えいが》も、少し眠《ねむ》った間に見た夢のようなものだということ。その無常さに感慨《かんがい》を覚えているのである。

4　「兵《つはもの》」は「義臣《ぎしん》」と同じ。「功名一時《こうみやういちじ》の叢《くさむら》となる」は「戦《いくさ》で立てた手柄《てがら》も一時のはかないことで、今は草むらとなっている」という内容で、「夢の跡《あと》」に対応する。

> **最終チェック**
>
> **対句《ついく》表現に着目する！**
>
> 例　月日は百代《はくたい》の過客《くわかく》にして、行《ゆ》き交《か》ふ年もまた旅人なり
>
> 例　舟《ふね》の上に生涯《しやうがい》を浮《う》かべ、馬の口とらへて老いを迎《むか》ふる者は……

p.44～p.45　論語《ろんご》／漢字道場5

問	番号	小問	解答
1	1		小人
1	2		エ
1	3		⑤
1	4		イ
1	5		一言にして以つて終身之を行ふべき者有りや
1	6	(1)	勿カレ㆑施スコト㆓於人ニ㆒
1	6	(2)	例 他人にしてはならない(。)
2	①		訴訟
2	②		倫理

解説

1

1　「小人《せうじん》」（徳が少なく度量の狭《せま》い人）と対《つい》になる。

2　人との和を大切にするが、軽率《けいそつ》に同調したりはしないということ。

3　「AはBに如《し》かず」は「AはBに及《およ》ばない」という意味。

5　「行」に付いたレ点と、「有」と「者」に付いた上・下点に注意する。「之」から「行」に一字返って、更《さら》に二点の付いた「可」に返る。そして「者」から「有」に返って読む。「可」は助動詞として読むので、平仮名《ひらがな》にして書くこと。また、「而」は置き字なので読まないようにする。

6　(1)　「人」から「施」は二字以上返って読むので、一・二点を用いる。

> **最終チェック**
>
> **書き下し文の基本を確認《かくにん》する！**
>
> - 返り点と送り仮名に従って書き下す。
> - 歴史的仮名遣《づか》いはそのままの仮名遣いで書く。
> - 助詞や助動詞は平仮名にする。
> - 置き字は書かない。

p.48～p.49 故郷／漢字道場6

1

番号	解答
1	ⓐ 心　ⓑ 隔絶
2	ウ
3	●無駄の積み重ねで魂をすり減らす生活 ●打ちひしがれて心が麻痺する生活 ●やけを起こして野放図に走る生活
4	イ
5	例 同じ希望を目指して行動する人が多くなれば、希望は実現するということ。

2

①	②	③	④	⑤
弊	効	撤	喝	漸

（●は順不同）

解説

1

1 自分とルントーとの間に生まれてしまった隔絶《かくぜつ》が、ホンルとシュイションとの間にも起こりうると考えたのである。

2 「目に見えぬ高い壁《かべ》」「自分だけ取り残された」などの表現から孤立《こりつ》感を読み取る。

4 「偶像《ぐうぞう》」は、実体がないという否定的な意味で使われている。「手製」は、自分で勝手に作るという意味。

5 「希望」の実現を、道ができることにたとえている。希望は、道と同じようにもともとは形のないものであるが、多くの人の力で形あるものにできるというのだ。

最終チェック

ルントーとの再会の場面を押《お》さえる！

・ルントー…喜びと寂《さび》しさの色が顔に現れる。→身分の違《ちが》いを感じている。
うやうやしい態度に変わり、「だんな様！……。」と言う。

・「私《わたし》」…身震《ぶる》い。悲しむべき厚い壁が、二人の間を隔《へだ》ててしまったのを感じる。→身分や境遇《きょうぐう》の違い。

p.50～p.51 何のために「働く」のか

◇

番号	解答
1	他者から何らかの形で仲間として承認される 〔または〕 「そこにいていい」という承認が与えられる
2	例（一生懸命）働いていないから。
3	見知らぬ者
4	ウ
5	アテンション
6	ア
7	イ

解説

◇

2 「たまたま通りかかった」からではなく、直後の一文にあるように一生懸命《けんめい》働いていたからこそ、ねぎらいの声を掛《か》けられたのである。

4 直前の段落で述べられているように、働くことは、社会の中で承認《しょうにん》される手段である。

5 「相互《そうご》承認」の関係という点では同じだが、社会の中でのつながりには「アテンション（ねぎらいのまなざしを向けること）」が含《ふく》まれるというのである。

6 「アテンション」抜《ぬ》きには、働くことの意味はありえないと筆者は考えている。

最終チェック

事例を正しく読み取る！

・資産家の息子《むすこ》の例…「働いていない」ことで重圧を感じている。
→多くの人は、「働くべきだ」と考えている。

・ホームレスの男性の例…働いていてねぎらいの言葉を掛けられて、涙《なみだ》を流す。
→社会に自分の存在を認められたことがうれしい。

→多くの人は、社会の中で働くべきだと考えており、「アテンション」を得ることに働くことの意味を見いだしている。

p.52〜p.53 いつものように新聞が届いた──メディアと東日本大震災《しんさい》

1 Ⅰ	1 Ⅱ	2	3 (1)	3 (2)	4	5
例津波や地震の記事のほうが原発事故関連より多かった。	例震災関連の記事が大半を占めていた。	(津波で被災し、)助けを求める人々がそのときに必要としている情報を継続して発信し続ける	イ	例ほとんどが、「死者」という言葉を使って伝えた。	例同じ地域に住み、人々と長く付き合っているから。	ウ

解説

1 この全国紙の記述の直後に「一方、仙台《せんだい》市に……」と地方紙の状況《じょうきょう》を述べた一文があるので、ここをまとめる。

2 「そのときに必要としている情報」を提供し、「継続《けいぞく》して発信し続ける」ことが、地元紙に求められることである。

3 全国紙が「死者」という言葉を使ったのに対して、この地方紙が「犠牲《ぎせい》」という言葉を使ったのは、震災《しんさい》を目《ま》の当たりにしてきた被災《ひさい》者の苦しみが分かるからである。

4 地方紙の記者は、同時にその地域の住民でもある。

5 地方紙の記者は、被災地で暮らしているからこそ分かる被災者の苦境を発信することで、少しでも地域の人々の助けになろうとしている。

最終チェック

なぜ、震災の翌朝も新聞が届いたのか?

あらゆる手段を使って、新聞は一日も絶やさず発行された。
→情報がなく不安が広がる被災者たちに、何が起きたかを「伝えなくてはいけない」という記者たちの使命感が新聞を発行させた。

p.54〜p.55 文法の窓2/漢字道場7

	①	②	③	④
1	イ	ウ	ア	イ
2	イ	ウ	×	ア
3	ア	ウ		

4 Ⅰ	4 Ⅱ
イ・オ	ア・エ

	①	②	③	④
5	堕落	半信半疑	表彰式	銘記

解説

1 まず、それだけで一文節になるかどうかを確かめる。②は形容詞「情けない」の一部。

2 ①・②すぐ上の品詞と活用形に着目する。③「らしい」は形容詞「自分らしい」の一部。④文頭に「どうやら……」を入れてみると意味が通るので推定。

3 ①「だ」を「な」に直して「平和な町」と言えるので、形容動詞の活用語尾《ごび》。イは断定の助動詞。ウは過去の助動詞「た」の濁《にご》ったもの。②副詞の一部。アは形容動詞の連用形の活用語尾。イは格助詞「に」。

4 ウの「だ」は、形容動詞「確かだ」の活用語尾。

最終チェック

文法的な性質を見分けるときの着眼点は?

・文節や単語の切れ目を確認《かくにん》する。
例その/考えは/よく/ない。→一文節になる(補助形容詞)
そっちは/危ない。→一文節にならない(形容詞の一部)
・上にある言葉の品詞とその活用形を確認する。
例予定が変わりそうだ。→上が動詞の連用形(様態)
予定が変わるそうだ。→上が動詞の終止形(伝聞)

p.56～p.57 レモン哀歌《あいか》

1	2	3	4	5 (1)	5 (2)	6	7	8	9
口語自由詩	ア	レモン	エ	イ	ウ	ぱつとあなたの意識を正常にした	例 智恵子が死んでしまったということ。	写真の前に挿した桜の花かげに	イ

解説

3 ここの「トパァズいろ」は透《す》き通った黄色のこと。レモンの爽《さわ》やかな香《かお》りを表現している。

4 「天のものなる」という表現からは、崇高《すうこう》なものであるというイメージが読み取れ、同時に智恵子《ちえこ》を正常にした力への感謝が読み取れる。

5 喉《のど》がヒューヒューと苦しい音を立てている様子を表す。

6 「もとの智恵子」になったということは、意識が正常になったということ。智恵子は、精神と肉体を病《や》んで亡《な》くなった。

7 体の「機関」（機能）の活動が止まったということ。つまり、肉体の死を意味する。

8 最後の二行は、智恵子の死から月日がたった場面である。

最終チェック

「わたし」の智恵子に対する思いを読み取る！

病床《びょうしょう》で与《あた》えた一個のレモンが、愛する妻の健康な姿を一瞬《いっしゅん》取り戻《もど》してくれた。そのレモンを智恵子の死後も供え続ける様子から、「わたし」の智恵子に対する深い愛と哀悼《あいとう》の思いが読み取れる。

p.58～p.59 生《う》ましめんかな

1	2	3 (1)	3 (2)	4	5	6	7 (1)	7 (2)	8
生ませましょう	原子爆弾	（「）赤ん坊が生まれる（」）	エ	生まぐさい	例 どうしたらいいのかわからないが若い女を心配する気持ち。	ⓐ 生まれた ⓑ 死んだ	● イ ● オ	ア	イ

（●は順不同）

解説

3 地下室は、死にゆく者ばかりの悲惨《ひさん》な状況《じょうきょう》だったので、新しい生命の誕生を意味する「赤ん坊《ぼう》が生まれる」という言葉は、あまりにもかけ離《はな》れた内容だったのだ。

5 「マッチ一本……気づかった。」とあるように、こんな状況で無事に出産できるのかを心配したのである。

7 (1)「生《う》ましめんかな」という言葉が繰《く》り返されているので**オ**反復。普通《ふつう》の語順は「己《おの》が命捨つとも生ましめんかな」なので**イ**倒置《とうち》。

8 女の出産を気づかう人々や産婆《さんば》の姿を通して、人間をたたえる思いが表現されている。

最終チェック

「生ましめんかな」の言葉の意味を考える！

「生ましめんかな」は、「生ませましょう」とほぼ同じ意味であるが、あえて文語を用いることで、力強い表現となっている。

→自分の命を顧《かえり》みず赤ん坊を取り上げた産婆のように、死の間際《まぎわ》にあっても他人を思いやり、命を重んじた人間への感動が込《こ》められ、記憶《きおく》にとどめて語り継《つ》いでいきたいものとして歌われている。

p.60～p.61 最後の一句

◇

1	2	3	4	5	6	7
人に教えられたり、相談をしたり	ウ	例決めることに間違いはないということ。	エ	(「)お上のことには間違いはございますまいから(。」)	父〔または〕太郎兵衛	イ

解説

◇

2 「責め道具」を指差されて脅《おど》されても、冷たい目で静かな言葉を言い放つ様子から読み取る。

3 「おっしゃることに間違《まちが》いはない」「お裁きに間違いはない」などの表現を用いてもよい。

4 いちの言葉には、「間違いのない裁きをせよ」という強い思いが隠《かく》されている。そのため、佐佐《ささ》は憎《にく》しみと驚《おどろ》きをもっていちを見たのである。

7 父を救うためなら、代わりに死ぬことも、お上《かみ》に迫《せま》ることもためらわないいちは、「献身《けんしん》」という概念《がいねん》のない佐佐や役人には理解しがたい人物だったのである。

最終チェック

「最後の一句」が持つ意味は？

「最後の一句」とは、いちの「お上のことには間違いはございますまいから。」という言葉のこと。この言葉は、いちの父親を思う気持ちから出たものだった。父を救いたい一心のいちにとって、お上はそれを阻《はば》むものとして存在している。「献身」から出た言葉が、結果的に佐佐や役人たちには反抗《はんこう》や皮肉として受け取られ、彼《かれ》らの胸を刺《さ》したのである。

p.62～p.63 風の唄《うた》

◇

1	2 ⓐ	2 ⓑ	3	4	5	6	7
例絵を描くこと。	守ってやりたい	放っておけない	ウ	東真の横顔	例すばらしいできばえだったこと。	エ	イ

解説

◇

2 ふだんは控《ひか》えめな様子である映子《えいこ》を見て、守りたくなるような弱い存在と感じていたのである。

3 絵の描写《びょうしゃ》から分かるように、映子はすばらしい絵が描《か》ける才能を持っていた。決して弱い存在などではなく、守ってやりたいというのは東真《あずま》の「見当外れ」だったのである。

5 映子が描いた東真の顔は、光源が分かるような「僅《わず》かな陰影《いんえい》」を表し、人物の意志が伝わってくるようなすばらしいできばえだったのである。

7 映子が東真を描いた絵を迷わず取り上げたことからも、東真を描いたことを知られたくなかったと想像できる。

最終チェック

東真が絵を描かなくなったのはなぜか？

最初、映子は東真にとって「守ってやりたい」と思うような、自分より弱い存在だった。しかし実は、絵を描くことにおいては自分よりも才能を持っている優《すぐ》れた存在であることを知る。

↓映子と自分を比べて自分の能力に自信をなくしてしまい、絵を描くことを避《さ》けるようになってしまった。

p.64 「おくのほそ道《みち》」の旅

1	ⓐ	ほかから隔離
	ⓑ	親密感
2	ⓐ	別れの悲しみ
	ⓑ	足取りを重くさせた
3		イ

解説

1 「ほかから隔離《かくり》され、狭《せま》くてそれゆえ親密な舟《ふね》という空間」で、「仲間との親密感」を共有するのである。

2 文章の筆者は、「舟によって……別れの悲しみはいっそう深まり、主人公の足取りを重くさせた、というふうに描《えが》いたのでしょう」と芭蕉《ばしょう》の意図を想像している。

3 「おくのほそ道」は、事実をそのまま書いたものではないことが分かる。芭蕉は、別れの悲しみという情感を伝えるために、草加《そうか》という宿場まででしか歩けなかった、という演出をしたのである。

最終チェック

「おくのほそ道」を「旅」をテーマとした小説と考える！

・冒頭部《ぼうとう》で、「月日」を旅人にたとえる。次に、実際の移動手段「舟」「馬」を挙げる。
→宇宙規模のスケールの大きな視点で格調高く始まった文章が、次の瞬間《しゅんかん》、江戸《えど》時代の現実的な旅のイメージを結ぶ。
・最後の場面では、芭蕉は舟に乗り、また旅立ってゆく。
→「舟」は新たな旅をもたらす小道具。主人公である芭蕉は「永遠の旅人」であり、旅に終わりがないことを表している。

四字熟語

□悪戦苦闘《あくせんくとう》　苦しみながら努力すること。
□暗中模索《あんちゅうもさく》　手がかりのないまま、いろいろとやってみること。
□異口同音《いくどうおん》　皆《みな》が同じことを言うこと。
□以心伝心《いしんでんしん》　黙《だま》っていても気持ちが相手に通じること。
□一日千秋《いちじつせんしゅう》　非常に待ち遠しいこと。
□一石二鳥《いっせきにちょう》　一つの行為《こうい》から二つの利益を得ること。
□一朝一夕《いっちょういっせき》　わずかな月日。
□意味深長《いみしんちょう》　言外に他の意味を含《ふく》むこと。
□右往左往《うおうさおう》　うろたえ騒《さわ》ぐこと。
□栄枯盛衰《えいこせいすい》　栄えたり衰《おとろ》えたりすること。
□我田引水《がでんいんすい》　自分に都合のよいようにすること。
□勧善懲悪《かんぜんちょうあく》　善をすすめ、悪をこらしめること。
□危機一髪《ききいっぱつ》　危ない瀬戸際《せとぎわ》。
□起承転結《きしょうてんけつ》　物事の順序・組み立て。
□喜怒哀楽《きどあいらく》　さまざまな人間感情の総称《そうしょう》。
□金科玉条《きんかぎょくじょう》　ぜひとも守らなければならない、大切な法則。
□空前絶後《くうぜんぜつご》　過去・未来にわたって例のないこと。
□呉越同舟《ごえつどうしゅう》　敵と味方が一緒《いっしょ》にいること。

□五里霧中《ごりむちゅう》　どうしてよいか見当のつかないさま。
□言語道断《ごんごどうだん》　もってのほかのこと。
□自画自賛《じがじさん》　自分で自分をほめること。
□四苦八苦《しくはっく》　非常な苦しみ。
□自業自得《じごうじとく》　自分のした行為の報《むく》いを自分の身に受けること。
□事実無根《じじつむこん》　事実に基《もと》づいていないこと。
□質実剛健《しつじつごうけん》　飾《かざ》り気がなく、真面目でたくましいこと。
□四面楚歌《しめんそか》　助けがなく、周りが敵や反対者ばかりであること。
□弱肉強食《じゃくにくきょうしょく》　強者が弱者を征服《せいふく》して栄えること。
□縦横無尽《じゅうおうむじん》　思うままに振《ふ》る舞《ま》うこと。
□取捨選択《しゅしゃせんたく》　よいものを取り、悪いものを捨てること。
□枝葉末節《しようまっせつ》　主要でない細かいことがら。
□支離滅裂《しりめつれつ》　ばらばらで筋道の立たないさま。
□心機一転《しんきいってん》　何かをきっかけとして気持ちが変わること。
□針小棒大《しんしょうぼうだい》　小さなことを大げさに言うこと。
□責任転嫁《せきにんてんか》　責任を他になすりつけること。
□絶体絶命《ぜったいぜつめい》　追いつめられて、どうにもならないこと。
□千差万別《せんさばんべつ》　それぞれに違《ちが》っていること。
□前代未聞《ぜんだいみもん》　今まで聞いたことがないこと。
□千変万化《せんぺんばんか》　さまざまに変化すること。

□大器晩成《たいきばんせい》　大人物は遅《おく》れて大成すること。
□泰然自若《たいぜんじじゃく》　落ち着いて物事に動じないさま。
□大同小異《だいどうしょうい》　それほど大きな違いがないこと。
□単刀直入《たんとうちょくにゅう》　ずばりと重要な点を突《つ》くこと。
□朝令暮改《ちょうれいぼかい》　命令・法令がたえず変わること。
□適材適所《てきざいてきしょ》　能力に合う地位や仕事を与《あた》えること。
□徹頭徹尾《てっとうてつび》　初めから終わりまで変わらないさま。
□東奔西走《とうほんせいそう》　あちこち駆《か》け回ること。
□日進月歩《にっしんげっぽ》　絶え間なくどんどん進歩すること。
□馬耳東風《ばじとうふう》　人の意見や批評などを聞き流すこと。
□半信半疑《はんしんはんぎ》　半ば信じ、半ば疑うこと。
□不言実行《ふげんじっこう》　あれこれ言わず黙って実行すること。
□付和雷同《ふわらいどう》　訳もなく他人の説に同意すること。
□傍若無人《ぼうじゃくぶじん》　人に構わず勝手に振る舞うこと。
□無我夢中《むがむちゅう》　あることに心を奪《うば》われて、我《われ》を忘れること。
□無味乾燥《むみかんそう》　内容に少しもおもしろみがないこと。
□優柔不断《ゆうじゅうふだん》　ぐずぐずして決断力に乏《とぼ》しいこと。
□有名無実《ゆうめいむじつ》　名ばかりで実質を伴《ともな》わないこと。
□用意周到《よういしゅうとう》　準備が十分に行き届いていること。
□竜頭蛇尾《りゅうとうだび》　初めは盛《さか》んで終わりが振るわないこと。

6　5　4　3　2　1
D　C　B　A